엄마
목소리
영어

0~7세 '영어 성장판'이 닫히기 전에

엄마
목소리
영어

임서운(데이나쌤)
지음

온포인트

쉽게 되는 아이와
노력해도 더딘 아이

"어머님, 예린이는 영어를 그 전에 많이 접했을까요? 영어 발음
이 좋고, 제가 어떤 표현을 알려줘도 곧장 따라 하더라고요. 발
표력, 집중력도 좋고 전반적인 수업 태도가 훌륭해요."

얼마 전 영어 수업을 듣는 학생의 부모님께 학습 상담차 통
화하며 이렇게 말씀드렸다. 평소 수업을 잘 따라오고 영어 실력
이 일취월장하는 아이는 어릴 때 인풋을 열심히 부어준 경우가
많았기 때문이다. 아니나 다를까, 평소 영어 노래를 많이 들려
주었고 영어책을 꾸준히 다독했다고 했다. 어릴 적부터 영어에
많이 노출되었던 아이들이 그렇지 않은 아이들에 비해 영어를

훨씬 자연스럽고 즐겁게 익히는 경우가 많은 것은 사실이다.

나는 외고 입시로 유명한 초·중등 대상의 어학원에서 영어 강사로 일했다. 분당에서 출발한 어학원의 프랜차이즈 사업이 어떻게 확장되고, 커리큘럼을 어떻게 구성하는지 초창기부터 지켜보았다. 또 강남의 한 유명 어학원의 본사에서 실시한 이중 언어 강사Bilingual Teacher프로젝트의 최종 10인에 선발되어 심화된 강사 교육을 수료했다. 심사위원이 지켜보는 가운데 영어 수업을 시연하며Mock Teaching 각각의 과목에 따른 평가를 받고, 지원했던 수십 명의 강사와 토너먼트식으로 경쟁해 살아남는 살벌한 과정이었다.

대형 어학원에서 아이들을 가르치며 효과적인 영어 교수법을 온몸으로 습득한 반면, 좁히기 어려운 아이들의 영어 실력 차이를 마주하고 깊은 고민에 빠지기도 했다. 같은 조건에서 수업하고 같은 내용을 가르쳐도 스펀지처럼 흡수하는 아이가 있는 반면, 아무리 노력해도 소화가 더딘 아이가 있다. 심지어 높은 레벨의 아이조차 기초 실력이 부족한 경우가 있고, 학년이 오르며 빨라지는 진도를 따라가지 못하는 경우도 있다.

영어 성장판이 닫히기 전에

"우리 연우는 영어가 싫대요. 맨날 학원 가기 싫다고 해서 제가 억지로 보내고 있어요."

이미 영어를 싫어하게 되어버린 아이를 '어떻게 가르쳐야 더 효과적일까' 여러 방법을 시도해 보았지만, 잘하는 아이와의 간극을 드라마틱하게 좁히는 것은 생각보다 쉽지 않았다. 한 해 한 해 데이터를 쌓아가며 깨달은 사실은 영어에도 '성장판'이 있다는 사실이다. 성장판이 열려 있는 적기에 키가 쑥쑥 자라듯 영어 또한 실력이 성장하는 적기가 있다. '성장판이 닫히기 전에' '자연스러운 영어 노출'이 있었던 아이들은 거부감 없이 수업에 잘 따라오고, 잘하니까 흥미를 갖고 노력하는 선순환이 시작된다. 한편, 생전 접하지 못하고 있다가 각 잡고 공부를 시작한 아이들은 경직되고 긴장된 상태에서 수업을 듣게 된다. 출발선이 다를 수밖에 없다.

어린 시절 영어 환경을 조성해 충분한 노출로 영양 공급을 해주고, 반복해 읽고 듣고 말하는 연습을 통해 단단한 뼈대를 세워두면, 향후 어떤 어려운 관문을 마주해도 절대로 무너질 리 없다. 특히 적기에 올바른 방법으로 단계별 인풋을 부어주면 아이는 스스로 근육을 키우고 차츰 살을 붙여 나갈 것이다. 훗날 사교육에 마냥 의존하는 것이 아니라, 적절히 사교육을 활용하며 효율적으로 성장해 나갈 수 있다. 결국 '리딩이 베이스가 된

꾸준한 자기 주도 학습'이 이기게 된다. 17년간 아이들을 가르치며 얻은 심플하고도 명확한 결론이다.

엄마표 영어의 핵심은 '목소리'

결혼하고 아이를 낳으면서 대형 어학원에서 나와 영어 공부방을 차렸다. 과열된 사교육 시장에 염증을 느낀 탓도 있고, 내 교육 철학대로 아이들을 가르쳐보고 싶은 로망도 있었다. 무엇보다 내 아이와 시간을 충분히 가지면서 즐겁고 자연스럽게 영어에 노출하고 싶었다. 준비되지 않은 아이를 억지로 학원에 밀어 넣지 않으리라 다짐했다. 나름의 노하우를 집약해 하루하루 성실하게 엄마표 영어를 실행했다. 그리고 현장 교육 경험과 이론적인 지식을 녹여 책을 썼다. 꽤나 긴 시간을 투자해 해외 논문과 자료, 도서 등을 열심히 찾아가며 집에서 육아하며 틈틈이, 때로는 도서관에 가서 글을 써 내려갔다.

수많은 자료를 찾아보고 발견하고 인용하며 '엄마가 읽고 말해주는 언어의 힘이 대단하구나' 새삼 감탄했다. 무엇보다 놀라웠던 게 여러 논문과 도서가 이 한 가지 단어를 가리키고 있다는 사실이다. 바로 '엄마 목소리'였다. 아기가 가장 먼저 '엄마'라는 단어를 엄마 목소리를 통해 듣고 배워 입을 떼고 발음하듯, 엄마표 영어 또한 '엄마 목소리'로 말해주기에 아이에게 극적인 효과가 있다. 엄마 목소리는 아이의 청각을 자극하는 소리 자체에도 힘이 있지만, 표정과 숨결, 엄마의 품과 따스한 온도 등 아이의 시각과 촉각 등을 자극하는 비언어적 요소도 복합적인 영향력을 발휘한다.

더 주목할 만한 것은 '아이가 어릴 때' 엄마 목소리에 훨씬 더 크게 반응한다는 사실이다. 살아남기 위해 세팅된 아이의 뇌는 태어나서 취학 전까지 주 양육자인 엄마 목소리에 귀를 기울인다. 점차 커가면서 사회적 관계를 맺게 되고 또래 친구나 선생님 등의 목소리에 더 큰 영향을 받게 된다. 0~7세에 '엄마 목소리 영어'를 실행하면 훨씬 효과적인 이유이다.

"When life gives you lemons, make lemonade."
(삶이 레몬을 주면, 레모네이드를 만들어.)

힘든 일을 피할 수 없다면 긍정적인 방향으로 해결하자는 뜻이다. 달콤하고 시원한 레모네이드를 만들려면 탄산수와 얼음, 설탕 등이 필요하듯 레몬처럼 너무 시어서 쉽게 손이 안 가는 영어를 엄마 목소리로 달콤하고 청량하게 만드는 과정이 필요하다.

우리 아이는 책과 영어를 둘 다 좋아하는 아이로 자라고 있다. 취학 전의 영어는 강요된 학습이 아니라 자연스러운 습득이어야 한다는 그간의 교육 철학을 아이와 함께 매일 조금씩 실천하고 증명해 나가고 있다. 물론 아이의 영어도, 나의 영어도 아직 완성형이 아닌 진행형이다. 하지만 매일 치열하게 노력하며 성장하고 있고, 그 과정과 노하우를 이 책에 아낌없이 담았다.『엄마 목소리 영어』를 통해 아이는 물론, 엄마에게도 영어라는 자유를 선물하고 싶다.

목차

프롤로그 쉽게 되는 아이와 노력해도 더딘 아이   005

1장 엄마 목소리의 놀라운 힘

0~7세 놓치지 말아야 하는 이유   017

책 읽어달라는 아이의 본심   025

아이가 언어를 습득하는 원리   032

세이펜보다 엄마 목소리   038

엄마가 읽어줘야 완성되는 그림책   044

엄마의 표정으로 말하는 영어   052

2장 17년 영어 강사는 왜 '엄마 목소리 영어'를 추천할까

아직 한글도 모르는데, 영어 노출 괜찮을까   063

유아 영어, 글자 학습보다 중요한 것   069

두 가지 언어로 사고하는 아이   076

대형 어학원의 불편한 진실   082

"우리 아이가 영어 너무 재밌대요!"   090

엄마 목소리 영어를 추천하는 진짜 이유   098

학원 보내는 최적기, 효율 끌어올리는 법   107

3장 0~7세 '엄마 목소리 영어' 환경 설정

효과적인 첫 영어책 환경 설정   117

영어 그림책 → 놀잇감이 되는 마법   124

세상 모든 장난감이 엄마표 영어 교구   131

새 영어책을 고르는 기준   137

매일 영어 음원 듣는 루틴 만들기   144

열린 책장 VS 닫힌 책장   151

균형 잡힌 독서 식단을 위한 북 큐레이션   158

엄마가 먼저 소리 내어 읽기의 힘   164

파닉스 완성에 효과적인 글자 놀이   170

4장 '영어 성장판' 자극하는
오감 영어 프로젝트

시각을 자극하는 영어 말놀이 179

청각을 자극하는 영어 노래·낭독하기 187

미각을 자극하는 요리 놀이 193

후각을 자극하는 향기 놀이 199

촉각을 자극하는 질감 놀이 204

5장 영알못 엄마의 말문 트는
'하루 15분' 영어 습관

영알못 엄마의 말문 트기 3단계 213

의성어·의태어, 아는 만큼 힘이 된다 221

아침·점심·저녁 엄마 목소리 영어 대본 225

놀아주며 말하기 ① 옷장놀이, 칭찬하기 231

놀아주며 말하기 ② 역할놀이, 숨바꼭질, 종이접기 237

놀아주며 말하기 ③ 스무고개 말놀이 242

에필로그 세상 최고의 '영어쌤'은 엄마다 249

부록 1 자주 쓰는 엄마 목소리 '영어 표현' 100 256

부록 2 엄마 목소리로 읽기 좋은 '영어 그림책' 100 266

1장

엄마 목소리의
놀라운 힘

0~7세
놓치지 말아야 하는 이유

"0~3세는 최초의 세팅된 뇌로 스펀지처럼 언어를 빠르게 습득하는 시기이고, 4~7세는 어휘를 늘리고 긴 문장을 조합하며 본격적인 상호작용을 하는 때이다. 영어의 유창성을 원한다면 이 시기를 놓치지 않는 게 절대적으로 유리하다."

영어를 싫어하는 아이들

◇◇◇◇◇◇

"You should say 'May I go to the bathroom?'"

"May, may I…, may I…"

초등 2학년 학생들로 구성된 방과 후 영어 수업 시간이었다. 한 여학생이 수업 중에 화장실에 가고 싶어 했다. 참고로 내 수업 시간에는 영어로만 말해야 하는 게 규칙이라 화장실에 가고 싶으면 영어로 말하고 다녀와야 한다. 입을 못 떼고 있기에 '화장실에 다녀와도 될까요?'를 영어로 천천히 알려주고 따라 하게 했다. 아이는 연신 "May I…"만 말하다 문장을 끝맺지 못했다. 틀리더라도 비슷하게 따라 하면 되는데 그것조차 쉽지 않아 했다. 하는 수 없이 그냥 아이를 화장실에 보냈다.

아이와 수업을 시작한 지 두 달이 넘은 시점이었고, 이미 여러 번 이 문장을 수업 시간에 알려준 터였다. 다른 친구들이 이 말을 하고 화장실에 가는 모습도 여러 번 보았다. 그런데 왜 아이는 영어를 따라 말하는 것조차 힘들어할까?

그전까지 영어에 거의 노출되지 않았기 때문이다. 이 시기에는 모국어가 이미 완성되어 영어를 외국어라고 정확히 인식하는 단계이다. 익숙하지 않은 영어에 대해 이질감을 느끼고 거부감을 가질 수 있다. 아이들에게 영어를 가르치다 보면, 영어에 관심이 덜한 정도가 아니라 '영어를 싫어하는' 경우가 꽤 많았다. 너무 이른 시기의 무리한 영어 공부에 대해 부담을 느낀 경우이다.

영어 공부방을 운영할 때는 되도록 아이들에게 쉬운 영어책을 많이 읽히려고 애썼다. 매주 영어책을 대여해 읽게 하는 '영어 도서관' 제도를 운영한 것도 그 때문이었다. 높은 작품성과 흥미로운 이야기로 꽉 채워진 영어 그림책을 충분히 읽는 것이 영어에 대한 진입장벽을 낮추는 가장 좋은 방법이라 생각했다. 그런데 또래 아이들의 관심사에 맞는 영어책을 골라주면, 어려워서 못 읽겠다며 시도조차 하지 않았다.

초등 파닉스반 아이들은 학령기임에도 영어 실력이 아직 유아 수준인 경우가 많았다. 하는 수 없이 글밥이 아주 적은 유아용 영어 동화책을 권하면, 이번엔 내용이 유치하고 우습다고 보지 않았다. 하지만 유치해도 선택권이 없었다. 이 책부터라도 시작해야 한다.

이런 학생들을 매년 접하면서 세계적으로 예술성을 인정받은 동화 작가들의 흥미진진한 그림과 탄탄한 스토리를 어려서부터 '엄마 목소리'로 접했으면 얼마나 좋았을까? 하는 생각이 머릿속을 떠나지 않았다. 자연스러운 영어 노출이 선행되어 있다면, 흥미와 호기심을 가지고 독해력과 회화 실력을 단단하게 쌓아갈 수 있을 텐데…. 시기를 놓치고 나서 영어 수준에 맞는 책을 골라주면 유치하다고 보지 않고, 또래 관심사에 맞춰 책을 골라주면 어렵다고 보지 않으니 점점 영어 잘하는 아이와 격차가 벌어지는 것이다.

어린 시기의 자연스러운 영어 노출은 훗날 아이들이 좀 더 쉽게 영어를 학습하게 해주고, 영어에 대한 자신감을 느끼게 만든다. 더불어 예술적 심미안과 상상하는 힘도 길러줄 수 있다.

언어 습득의 적기는 언제일까?

EBS『언어 발달의 수수께끼』에서 '아기는 언제부터 외국어를 받아들일 수 있을까?'라는 주제로 실험을 진행했다.[1] 아기들이 한국어에 없는 말소리를 들을 때 나타나는 뇌 반응의 차이를 알아보고자 하는 실험이었다. 태어난 지 6개월 된 아기 네 명이 실험에 참여했다. 이 아이들은 모두 'L' 소리와 'R' 소리를 명확히 구분했다. 그다음으로 15개월 된 네 명의 아기들의 뇌파를 검사했는데, 놀랍게도 이 그룹은 두 가지 발음을 구분하지 못했다.

이에 대해 연세대 심리학과 송현주 교수는 "우리의 뇌는 자신이 처한 환경에서 가장 효율적인 학습을 하도록 재조직화되는 경향이 있다"고 말했다. 처음 태어날 때의 뇌는 모든 언어의 말소리를 구분할 수 있게 세팅되어 있지만, 점차 자신이 처한 언어적 환경에서 필요한 말소리만 구분할 수 있도록 재정비되는 것이다. 따라서 자주 쓰면 발달하고, 사용하지 않으면 능력이 퇴화할 수밖에 없다.

일선에서 다양한 연령대의 아이를 가르치면서 이런 사실을 확실히 알게 되었다. 가정에서 영어 노출이 거의 없었던 초등 저학년 아이는 영어 습득에 흥미를 갖지 못해 애를 먹었다. 반면, 태어나자마자 영어를 자연스럽게 접한 유치원생 아이는 특별한 거부감 없이 수업을 잘 따라왔다. 한 살 한 살 시간이 갈수록 학습 능력은 향상되지만, 이 언어 능력이라는 것은 필요하지 않으면 퇴화해 버리므로 계속 자극을 주어야 한다. 한국어라는 단일 언어 체계에만 갇혀 평생 영어 공부를 즐기지 못한다면, 아이 인생의 큰 무기를 놓치는 것이나 다름없다.

> "사람은 누구나 언어 습득 장치LAD-Language Acquisition De-vice를 가지고 태어납니다. 보편적인 문법 지식이 미리 프로그램되어 있어서 충분히 언어 입력이 되었을 때

자동으로 단시일 내에 언어를 습득하게 됩니다. 언어 습득 능력의 최고조 시기는 생후부터 13세까지입니다."

미국의 언어학자 노암 촘스키Noam Chomsky는 아이가 태어나서부터 중학생이 되기 전까지가 가장 빠르게 언어 능력을 신장시킬 수 있는 시기라고 말한다. 또한 캐나다의 펜필드Penfield 교수 역시 결정적 시기Critical Period 이론을 주장하며 사춘기 이전에 이중 언어 교육을 시작하는 것이 효과적이라고 주장한다. 이 시기가 원어민 발음을 가장 완벽하게 흉내낼 수 있는 '언어 민감기'라는 것이다.

0~7세 '엄마 목소리 영어'로 시작하라

◇◇◇◇◇

"Daddy!" "아빠!" "Mommy!" "엄마!" "Grandma!" "할미!"

아이가 22개월이 됐을 무렵이었다. 내가 영어로 "daddy"를 말하자 아이가 한국어로 "아빠"라고 불렀다. 의미를 아는구나 싶어서 "mommy"를 시험해 보니 아이가 "엄마"라고 바꿔 불렀다. "grandma"도 말해보았다. 아이는 'grandpa'와 헷갈린 건지 "하삐(할아버지)"라고 했다가 다시 "할미(할머니)"라고 고쳐 말했다. 깜짝 놀랐다. 단 한 번도 아이에게 'daddy'는 '아빠'라고 설명해 준 적이 없었기 때문이다. 아이는 여러 책과 다양한 상황에서 자연스럽게 이 단어들을 분류하고 인지한 것이다.

프랑스 언어학자 바바라 A.바우어Barbara Abdelilah-Bauer는 『이중 언어 아이들의 도전』에서 0~3세까지가 아이의 언어 습득에 가장 중요한 시기라고 했다.[2] 이 시기에 양육자 혹은 교육자가 관심을 많이 기울일수록 아이의 언어 능력과 의사전달 능력은 월등히 좋아질 수 있다고 말한다. 언어를 무의식적으로 받아들이고, 오감을 활용해 습득할 수 있는 최적의 시기인 것이다.

여러 학자들의 이론과 17년간 현장에서 영어를 가르친 경험, 아이를 낳아 직접 엄마표 영어를 실행하며 종합적으로 내린 결론은 최소한 취학 전인 '0~7세'에 영어를 거부감 없이 받아들일 환경을 마련해 주고 자연스럽게 노출해 주자는 것이다. 0~7세 아이가 가진 언어 습득 능력은 취학 후의 학생이나 혹은 청소년기와 비교하면, 거의 초능력이라 부를 만큼 놀라운 효율을 자랑한다. 0~3세는 최초의 세팅된 뇌로 스펀지처럼 언어를 빠르게 습득하는 시기이고, 4~7세는 어휘를 늘리고 긴 문장을 조합하며 본격적인 상호작용을 하는 때이다. 영어의 유창성을 원한다면 이 시기를 놓치지 않는 게 절대적으로 유리하다.

특히 이 시기에는 영어를 조기 학습learning하는 것이 아니라 조기 습득acquisition할 수 있게 도와야 한다. 어린 시절의 무리한 '조기 학습'은 호기심을 떨어뜨리고 한정된 인지적 용량을 비효율적으로 소모하게 만들지만, '조기 습득'은 적절한 뇌의 자극으로 효율을 높이고 지속적인 습관 형성에 도움을 줄 수 있다. 사실 이 시기에 가장 편안한 환경에서 가장 익숙한 대상으로부터 영어로 습득하는 '엄마 목소리 영어'만큼 효과적인 방법이 없다고 생각한다.

영유아기는 오감을 통해 영어 인풋을 최대한으로 끌어올릴 최적의 시기이다. 어려울 것 없다. 영어가 생활이 되는 환경을 직접 만들어주면 된다. 엄마 목소리로 영어 동요를 불러주고, 엄마 목소리로 영어 동화책을 읽어주고, 엄마 목소리로 영어 대화를 나누면 된다. 짧은 문장이어도, 발음이 좀 부족해도 상관없다. 엄마가 말해주는 영어는 아이에게 모국어처럼 편안하고 친숙하게 다가온다. 학습이 아닌 습득으로 영어를 일상의 일부로 받아들일 준비가 될 것이다.

책 읽어달라는
아이의 본심

"엄마의 숨소리, 냄새, 온도, 살결, 심장 박동 소리까지 모든 걸 공유하는 가장 평화롭고 따뜻한 시간이다. 엄마 목소리를 들을 때 아이의 두뇌 속은 마치 다양한 악기가 연주되는 오케스트라 합주와도 같다."

엄마 목소리는 최고의 배경음악

◇◇◇◇◇◇

아이가 여느 때처럼 영어 동화책을 읽어달라고 나에게 다가왔다. 나는 흔쾌히 책을 펴고 읽어줬다. 그런데 이야기가 무르익을 무렵, 아이는 책에서 시선을 거두고 장난감을 가지고 놀기 시작했다. 나는 슬며시 책을 손에서 내려놓았다. 다른 놀이를 하고 싶다는 아이의 의사를 존중한다는 의미였다.

하지만 책 읽기를 멈추자 아이는 곧장 내게 다가왔다. 다시 내 손에 책을 쥐여주고, 읽어달라는 몸짓을 했다. 다시 책을 읽어주기 시작한다. 하지만 아이는 이번에도 책에 관심을 두지 않고, 장난감에 마음이 온통 쏠려있다. 내가 책 읽기를 멈추면 다시 나를 쳐다보고, 읽기 시작하면 만족스러운 듯 열심히 놀았다. 나는 이제야 아이의 마음을 읽을 수 있었다.

'지금은 책 읽기보다 장난감을 가지고 노는 게 더 좋아. 하지만 책 읽는 엄마 목소리는 듣고 싶어. 그러니 엄마 목소리를 들으면서 놀 거야.'

아이는 그냥 노는 것보다 엄마 목소리를 배경음악으로 깔아두고 노는 게 더 좋은 모양이다. 엄마의 책 읽는 목소리를 들으며 안정감을 느끼고, 놀이에도 더 재미를 느끼는 것 같았다.

"Let me read you a story." (엄마가 이야기 읽어줄게.)

아이가 돌이 되기 전부터 나는 이렇게 말하고 나서 영어 동화책을 읽어줬다. 아이는 엄마 품에서 책 읽는 시간을 유독 좋아했다. 엄마의 숨소리, 냄새, 온도, 살결, 심장 박동 소리까지 모든 걸 공유하는 가장 평화롭고 따뜻한 시간이다. 요즘 아이는 잠들기 전, 침대 옆에 읽고 싶은 책을 가져와서 잔뜩 쌓아놓는다. 끝도 없이 읽고 또 읽어달라고 엄마 품을 파고든다. 덕분에 나는 날마다 즐거운 책 읽기 노동을 한다.

아이가 크면 엄마 목소리에서 멀어진다

◇◇◇◇◇◇

엄마 목소리로 읽어주는 책은 실제로 아이에게 어떤 영향을 미칠까? 스탠퍼드 의과대학 뉴스센터에 실린 에린 디지탈Erin Digitale의 연구 「엄마 목소리가 아이들 두뇌의 많은 영역을 활성화한다」는 이 물음에 답해준다.[3] 아동기 아이들에게 세 가지 단어를 각각 엄마 목소리와 낯선 여성의 목소리로 녹음하여 들려주고, MRI 정밀 검사를 실시했다. 결과가 놀라웠다.

낯선 여성의 목소리는 일차 청각 피질 등의 청각 영역에 국한되었지만, 엄마 목소리는 대뇌의 여러 영역들을 광범위하게 활성화시켰다. 특히 편도체와 같이 감정을 다루는 부위가 활발하게 반응했고, 중간변연 경로와 중앙전두엽피질 같은 보상 회로를 자극했다. 휴식을 취할 때 작동하는 뇌를 포함해 정보를 처리하는 영역, 그리고 얼굴을 인식하고 처리하는 영역까지 활성화되었다. 에린 디지털은 "엄마의 목소리의 울림은 아주 많은 두뇌 체계를 먹여 살린다"고 표현하였다.

엄마 목소리를 들을 때 아이의 두뇌 속은 마치 다양한 악기가 연주되는 오케스트라 합주와도 같다. 엄마 목소리의 공명이 아이의 두뇌에 아름다운 파장을 일으키는 것이다. 아이가 언어를 배우는 원리뿐만 아니라 아이 두뇌가 활성화되는 범위까지 엄마 목소리의 힘이 미치고 있다는 사실이 놀라울 뿐이다.

다만 주목해야 할 것은 엄마 목소리가 영향을 미치는 결정적 시기가 있다는 사실이다. 대니얼 A. 아브람스Daniel A. Abrams, 펄시 K. 미스트리Percy K. Mistry, 아만다 E. 베이커Amanda E. Baker 등이 「신경과학저널Journal of Neuroscience」에 게재한 논문 '청소년기 엄마 목소리와 가족이 아닌 목소리에 대한 보상회로소자에서 신경발달의 변화'가 이를 증명한다.[4]

연구진은 아동기와 청소년기 아이들의 엄마 목소리 인식에 따른 행동 민감성을 실험하였다. 연구 결과, 아동기와 청소년기 참여자들이 약 97.7%의 정확성으로 엄마 목소리를 식별해냈다. 아동기와 청소년기 모두 공통적으로 환경의 소리보다 엄마 목소리에 뇌 전반의 방대한 영역이 반응했다. 더 놀라운 것은 아동기 아이들은 엄마 목소리에 사회적 선호도를 보였고, 청소년기 아이들은 비가족의 목소리에 더 큰 선호도를 보였다.

아동기 아이가 엄마 목소리를 듣는 경우, 가족이 아닌 낯선이들의 목소리를 들었을 때와 비교해 보상 처리 영역이 매우 활성화된다. 하지만 청소년기에는 그 반대였다. 엄마나 가족이 아닌 목소리에 보상 처리 영역이 오히려 활성화되었다. 어린아이의 사회성은 부모와 주 양육자를 중심으로 구성되는 반면, 청소년기는 가족 밖의 사회와 관계를 맺는 것으로 점차 변화해가는 것을 보여준다.

유년 시절의 사회화는 주로 부모를 중심으로 형성되기 때문에 부모와의 상호작용이 아이들의 언어와 인지, 사회 정서적인 발달에 매우 큰 영향을 미친다. 반면 청소년기는 독립을 준비하는 시기로 사회적 적응을 위해 가족이 아닌 또래 사회 집단과의 통합에 초점을 맞춘다.

'바로 지금' 읽어줘야 하는 이유

◇◇◇◇◇◇

엄마와 아이가 함께 살을 부비며 책을 읽는 동안, 둘 사이는 최고의 상호작용으로 끈끈하게 연결된다. 책에서 보여주는 새롭고 놀라운 세계를 함께 보며 감탄하고, 저자의 이야기를 읽고 서로 묻고 답한다. 아이는 엄마와 함께 떠나는 여행이 좋아서 자꾸만 책을 더 읽어달라고 조른다. 이는 더 많은 책을 읽고, 더 깊이 상호작용하게 되는 선순환을 가져온다.

하지만 아이가 언제까지 이 과정에 흥미를 느낄지 알 수 없다. 앞의 연구에서도 밝혀졌듯 성장하면서 자연스럽게 가족 밖 사회 관계로 관심이 옮겨가기 때문이다. 0~7세는 엄마 목소리가 가장 큰 효과가 있는 시기다. 청소년기가 되어갈수록 차츰 그 힘을 잃는다. 따라서 결정적 시기가 지나기 전에 '책 읽어달라'고 매달리는 아이의 본심을 엄마가 읽어내고, 행동해야 한다.

내가 요즘 아이에게 가장 자주 책을 읽어주는 장소는 다름 아닌 주방이다. 거실 소파도, 책장 옆도, 침대 위도 아닌 어쩌다 주방 싱크대 밑이 책 읽어주는 장소가 되었을까? 아이는 내가 설거지할 때마다 책을 읽어달라고 떼를 썼다. 처음에는 아이를 달래며 설거지를 다 하고 읽어주겠다고 말했다. 어느 날 설거지를 다 마치고 뒤돌아보자 아이가 싱크대 밑에서 책을 손에 쥔

채 잠들어 있었다. 너무 미안하고 안쓰러웠다. 그 후로 아이가 책을 읽어달라고 하면, 나는 설거지를 멈추고 그 자리에 앉아 책을 읽어주려고 노력한다.

마음 같아선 설거지를 홀가분하게 마치고, 아이에게 오롯이 집중해서 책을 읽어주고 싶다. 하지만 그 마음을 의지적으로 접고, 되도록 아이의 읽기 욕구를 채우는 것에 1순위 가치를 두기로 했다. 어차피 집안일은 끝없이 쏟아지고 해도 해도 해야 할 것들이 계속 보이는데, 아이가 읽어달랄 때 읽어주지 않고 자꾸 나중으로 미루면 다시 이 순간이 오지 않을 수도 있겠다 싶었다. 집안일을 그때그때 해치워 후련한 것보다 아이의 욕구를 그때그때 채워주는 게 선순위라는 생각이 들자 더 이상 고민하지 않게 되었다.

아이가 간절히 원했던 이 시기를 어영부영 보내버리고 나면, 그제야 엄마가 준비되었다 하더라도 아이는 더 이상 귀 기울여 듣지 않을 것이다. 엄마 목소리를 가장 필요로 하는 이 시기에 아끼지 않고 미루지 말고 '바로 지금' 따뜻한 품에서 원 없이 책을 읽어주자.

아이가 언어를
습득하는 원리

"아기는 엄마 목소리로 '엄마'라는 소리를 수없이 듣는다. 엄마
의 입 모양을 반복해서 눈으로 보기도 한다. 그러다 마침내 돌
무렵이 되면 '엄마'라는 단어를 내뱉는다. 점차 많은 단어와 문
장을 습득하며, 듣고 말하는 커뮤니케이션이 가능해진다."

울음 → 옹아리 → 단어 → 문장으로

◇◇◇◇◇◇

"우리 아기 잘 잤니? 좋은 꿈 꿨어?
오늘은 기분이 어때? 배고프지? 엄마가 맘마 줄게."

갓난 아기에게 엄마는 이렇게 말을 건다. 과연 아기가 알아들을까 의심하지 않고, 온전히 듣고 있다고 생각하고 성심성의껏 말해준다. 어른에게 말할 때보다 목소리 돈은 좀 더 높게 올리고, 두 눈을 맞추면서 말이다. 가장 먼저 가르치는 '엄마'라는 단어 역시 천천히 또박또박 한 자 한 자 '엄~마!' 하고 최선을 다해 발음한다.

"How did you sleep? Did you have sweet dreams?
How are you today? Are you hungry?
Mommy will give you some milk."

앞의 한글 표현을 그대로 영어로 번역한 것이다. 모국어를 말할 때랑 다르지 않은 톤으로 편안하게 말하면 된다. 'mommy', 'daddy', 'milk' 같은 단어는 음가를 살려 천천히 말해주는 것역시 한국어와 마찬가지다. 어떤 언어이든 엄마 목소리를 통해

들은 표현은 아이가 편안하게 느끼고 차츰 알아듣게 되며 이내 반응하게 된다.

아이에게 첫 대화는 울음이다. 자신의 존재를 울음으로 알리며 세상에 태어나 옹알이를 통해 소리와 음절을 시험하기 시작한다. 옹알이는 다양한 소리를 구별하는 데 도움이 되고, 언어를 말하는 데 필요한 구강 운동 능력을 키우는 역할도 한다. 이후 아기의 언어는 단어와 문장으로 발전하기 시작한다.

아기는 엄마 목소리로 '엄마'라는 소리를 수없이 듣는다. 엄마의 입 모양을 반복해서 눈으로 보기도 한다. 그러다 마침내 돌 무렵이 되면 '엄마'라는 단어를 내뱉는다. 점차 많은 단어와 문장을 습득하며, 듣고 말하는 커뮤니케이션이 가능해진다. 아기가 언어를 습득하는 과정이다.

언어 발달에 영향을 주는 것들

◇◇◇◇◇◇

"오토바이 방구! 대박! 너무 웃겨! 미쵸!"

어느 날 아이랑 놀다가 내가 방귀를 뀌자, 갑자기 아이가 이런 말을 했다. 34개월 아이가 속사포 랩을 하듯 숨도 쉬지 않고 말이다. 아이는 마지막에 '미쵸'를 말하며 한 손을 이마에 대었다. 나는 어이가 없어서 막 웃다가 급 반성 모드가 됐다. 가만히 생각해 보니 내가 전화 통화하거나 다른 사람과 대화할 때 리액션으로 한 손을 이마에 올리며 '미쵸!'라는 말을 많이 썼던 것이다. 아마도 '오토바이 방구'는 다른 데서 주워듣고 현재 상황에 연결한 것 같다. 아이는 엄마가 쓰는 말과 손동작까지 따라 하고 있었다.

막상 내가 했던 말을 아이를 통해 들으니 '너 예쁜 말을 써줄걸' 하고 반성하게 됐다. 아이는 내가 그토록 의식적으로 심어주려고 했던 말보다 내가 무심코 뱉었던 말들을 더 쉽게 흡수하고 있었다. 엄마의 어휘가 곧 아이의 어휘였다. 내 일상의 어휘와 말할 때의 태도를 다시 점검하게 됐다.

로버타 미치닉 골린코프Roberta Michnick Golinkoff는 『아이는 어떻게 말을 배울까』에서 두 가지 유형의 부모를 연구한 사례를 제시한다.[5] 첫 번째 유형은 아이의 관심사에 잘 반응하고 말해주는 부모이다. 아기가 거실벽에 붙어있는 사진을 자주 쳐다보자 이를 관찰한 부모가 매일 이 사진들을 하나씩 살펴보고 설명해주었다.

두 번째 유형은 아이의 관심사보다는 부모가 원하는 방향으로 유도하는 부모이다. 아기의 관심사는 온통 장난감 트럭뿐이다. 아기가 계속 트럭만 갖고 놀자 부모는 트럭을 치우고, 블록 놀이로 관심을 유도한다. 하지만 여전히 트럭을 블록 구멍에 집 어넣으려는 아이를 보고 마침내 부모는 화를 내고 만다.

흥미로운 것은 이 두 유형의 차이가 아이의 언어 발달에 유 의미한 차이를 보인다는 것이다. 각각의 유형의 부모로부터 양 육된 아이가 9개월에서 13개월이 되었을 때 이해하는 어휘의 양을 조사했더니, 첫 번째 유형에 해당하는 아이가 두 번째 유 형의 아이보다 훨씬 더 많은 양의 어휘를 이해하고 있었다. 부 모가 아이의 관심사를 존중하고, 반응을 살피며 말해준 것이 아 이의 언어 발달에 효과가 있었던 것이다. 이 모든 것이 부모와 의 상호작용에서 기인한다.

말을 하지 못하는 농인 부모의 아이는 말을 자연스럽게 배우 기 어렵다. 어려서부터 말이 아닌 수화를 통해 의사소통했기 때 문에 어휘의 양은 물론이고, 상대와 대화를 자연스럽게 주고받 는 경험이 부족할 수밖에 없다. 세상에서 가장 먼저 접하는 부 모와 목소리로 교감할 수 있다는 사실이 큰 축복으로 느껴진다. 정신의학 및 행동과학 분야의 박사인 대니얼 아브람Daniel Abrams 의 말 역시 같은 맥락이다. 그는 "우리의 사회적 언어와 정서적 처리 과정의 많은 부분은 엄마 목소리를 들으면서 학습됐다"고 말한다.[6]

036

'엄마 목소리'는 아이에게 세상 가장 따뜻한 언어적·비언어적 커뮤니케이션 수단이다. 엄마 목소리를 통해 어휘와 문장, 톤과 매너가 아이에게 고스란히 전달된다. 모국어뿐 아니라 영어 역시도 가장 편안하고 자연스러운 방식으로 배워나갈 수 있다. 오늘부터 아이의 눈을 다정하게 바라보고 입을 활짝 벌려 부드럽고 따뜻한 목소리로 속삭여보자.

세이펜보다
엄마 목소리

"언어란 주고받는 것이다. 교감이고 소통이다. 또 오고 가는 뜻과 생각이다. 구어나 문어를 통한 언어적 요소뿐만 아니라 자세, 표정, 눈 맞춤과 소리의 톤, 억양 등의 비언어적 요소를 통해서도 소통은 이루어진다. 기계를 통한 소리에는 이 비언어적 요소가 철저히 빠져있다."

책은 바코드, 세이펜은 스캐너

◇◇◇◇◇◇

영어 그림책을 사려고 온라인 서점에 들어가면 '세이펜이 가능하다'는 문구를 심심치 않게 볼 수 있다. 세이펜이 가능한 책과 아닌 책이 있는 것이다. 그럼 엄마들은 여기서 한 번 더 고민하게 된다.

'세이펜을 사야 할까? 말아야 할까? 그게 꼭 우리 아이에게 필요할까?'

세이펜Saypen은 말 그대로 말소리가 나오는 펜 모양의 기계이다. 세이펜이 가능한 책을 구매한 다음, 음원을 다운로드해 세이펜에 넣어주고, 책의 해당 부분을 찍어주면 음원이 재생되는 시스템이다. 한 마디로 책은 바코드요, 세이펜은 스캐너인 셈이다.

세이펜의 장단점에 관해서는 엄마들 사이에서도 이견이 많다. 유명한 온라인 맘카페에 한 엄마가 '세이펜 꼭 필요한가요?'라는 제목으로 글을 올렸는데, 직접 사용해본 엄마들의 생생한 댓글이 달렸다.

먼저 세이펜의 장점은 이렇다. 아이가 혼자 책을 보기 시작할 때 세이펜을 활용하면 편리하다. 영어나 중국어, 일본어 등 외국어를 원어민의 정확한 발음으로 들을 수 있다. 또 자연의 소리, 동물 울음소리, 등장인물의 목소리, 노래까지 들을 수 있어 책에 대한 몰입도가 높아질 수 있다. 또 부모가 읽어주지 않아도 되니 아이가 혼자 읽는 동안 잠시 휴식을 취할 수 있다는 것도 큰 장점이다.

반면 아이가 어려서부터 세이펜을 집중적으로 사용한 경우, 읽어주는 사람의 표정이나 입 모양 등을 볼 수 없어 언어 발달이 다소 지연될 수 있다는 의견이 있다. 읽어주는 사람과의 상호작용이 없어 내용을 정확히 이해하고 넘어갔는지 확인되기 어렵다. 또 세이펜이 되는 책만 읽은 경우, 세이펜이 지원되지 않는 책은 거부하는 경우가 종종 있다.

공통된 의견으로 아이의 읽기 독립이 이뤄지기 전까지는 세이펜보다 엄마가 직접 육성으로 책을 읽어주는 것이 아이의 언어 발달에 여러모로 도움이 된다는 것이다. 특히 영유아기는 언어의 소리 그 자체보다 부모와의 상호작용이 필요한 시기이므로 책을 매개로 아이와 교감하는 것이 매우 중요하다. 세이펜은 보조적인 수단으로 잠깐씩 사용할 수는 있겠지만, 엄마 목소리를 대체하기 어려운 여러 이유가 존재했다.

나는 세이펜을 한 10년 전쯤에 접했다. 학원 영어 수업 시간에 사용한 교재가 세이펜이 되는 교재였기 때문이다. 수업을 받는 아이들 중에도 세이펜을 잘 활용하는 아이가 있고, 그렇지 못한 경우가 있었다. 한 여자아이는 세이펜을 잘 활용해서 학습 만족도가 매우 높았다. 학령기에 어학 학습용으로 세이펜을 잘 활용하면 외국어 실력 향상에 아주 큰 도움이 될 것이라고 생각했다. 하지만 부모와 교감하며 책을 읽어야 하는 0~7세 영유아기에 사용하는 세이펜은 득보다 실이 더 많은 게 아닌가 하는 의구심이 든다.

언어는 사회적 상호작용

◇◇◇◇◇◇

워싱턴대학교의 패트리샤 쿨Patricia Kuhl 교수는 사회적 접촉과 외국어 습득에 관한 연구를 했다.[7] 영어를 모국어로 사용하는 생후 9개월 아기들과 중국어 교사가 약 4개월 동안 중국어로 상호작용을 했다. 그 결과 아기들은 중국어의 음운 대조를 구별하는 능력이 생겼다. 영어에만 노출된 아이보다 훨씬 뛰어난 중국어 실력이었고, 심지어 약 10개월간 중국어에 노출된 아이들의 수준을 보였다.

여기에 추가로 한 가지 연구를 더 진행했다. 아기들을 두 집단으로 나누어 한 집단은 텔레비전을 통해 교사를 보게 했고, 다른 집단은 교사와 시선을 접촉하지 않고 녹음만 들려주었다. 이들에게 들려준 내용은 처음 실험한 집단의 청각 정보와 같았다. 차이점은 사회적 접촉이었다. 아이들은 중국어 내용을 모니터를 통해 듣거나 녹음으로만 들었고, 교사와는 전혀 상호작용을 하지 않았다. 이때에도 아기들은 중국어의 대조적인 음운 속성을 배울 수 있었을까? 결과는 '전혀 그렇지 않다'였다.

이 실험 결과를 통해 사회적 접촉이 외국어 습득에 큰 영향을 받는다는 것을 알 수 있다. 아이와 상호작용 없이 단순히 언어만 노출하는 경우, 원하는 결과를 얻기 어려울 수 있다는 뜻이다. 아이들은 정보를 기계적으로 받아들일 때보다 누군가와 상호작용을 할 때 집중력과 동기가 훨씬 커지기 때문이다. '사회적 상호작용'은 언어 습득에서 매우 중요한 요건이다.

언어란 주고받는 것이다. 교감이고 소통이다. 또 오고 가는 뜻과 생각이다. 사람들 간에 생각이나 감정을 교환하는 총체적인 행위이다. 구어나 문어를 통한 언어적 요소뿐만 아니라 자세, 표정, 눈 맞춤과 소리의 톤, 억양 등의 비언어적 요소를 통해서도 소통은 이루어진다. 기계를 통한 소리에는 이 비언어적 요소가 철저히 빠져있다.

세이펜은 정말 편리한 육아템이지만, 결코 엄마 목소리를 대체할 수는 없다. 세이펜이 엄마의 표정, 엄마의 냄새, 엄마의 감정까지 담아낼 수 없기 때문이다. 엄마와의 친밀한 교감이 아닌, 일방적인 기계음의 재생일 수 있다. 따라서 영유아기에는 어디까지나 보조적인 수단으로 사용되어야지 전적으로 의존해서는 좋을 게 없다.

엄마가 읽어줘야
완성되는 그림책

"마츠이 다다시는 혼자 그림책을 읽으면 말과 그림 사이에 시간
차가 생겨서 두 개를 하나로 일치시키는 것이 생각보다 어렵다
고 설명한다. 누군가가 읽어주는 행위를 통해 비로소 귀로 들은
말의 세계와 눈으로 본 그림의 세계가 하나가 되며 아이 안에서
진정한 그림책이 완성된다."

보고 들은 세계가 하나가 되는 순간

◇◇◇◇◇◇

가와이 하야오 작가는 『그림책의 힘』에서 "그림책 속에는 소리와 노래가 있다"고 말한다. "그림책에 귀를 기울이면 소리에서 노래로, 끝내 음악이 된다"고도 표현했다[8]. 아이에게 영어책을 읽어주다 보니 정말 그렇다. 어느 날 아이가 가져온 영어 그림책을 무심코 읽어주는데 단어 사이에서 리듬이 느껴지고, 문장의 운율이 살아있다. 어느새 영어 문장을 마치 노래 가사처럼 아이에게 들려주고 있는 나 자신을 발견하곤 했다. 그림책에 푹 빠져 몰입해 읽다 보니 이런 순간이 오는구나 싶었다.

대체 어떤 책이 그토록 즐거운 경험을 선사했는지 묻는다면, 바로 마이클 프리스Michael Frith 작가의 『I'll Teach My Dog a Lot of Words』라는 책이다. 아이가 이 책을 특별히 좋아했는데, 왜 그런가 살펴보니 페이지마다 문장의 패턴과 단어의 호응이 잘 맞아떨어져서 경쾌한 운율이 있다. 리듬감 있는 문장이 빛을 발하는 위트 있는 책이다.

여기에 엄마가 의성어·의태어를 추가하거나, 실제로 동작을 더해 읽으면 아이가 '까르르' 좋아하지 않을 수가 없다. 예를 들어 'Blow your nose'라는 문장을 읽을 때는 아이의 코를 살짝 틀어쥐며 진짜 코를 푸는 듯한 시늉을 한다. 다음번에 그 페이지가 나올 때면 아이는 찡긋 웃으며 엄마의 터치를 기다린다.

마이클 로젠Michael Rosen과 헬렌 옥슨버리Helen Oxenbury 작가의 『We're Going on a Bear Hunt』 역시 말맛과 그림이 찰떡같이 잘 어우러진 책이다. 곰 사냥을 떠난 가족들이 장애물을 만날 때마다 반복되는 첸트와 다채로운 의성어로 인해 극에 재미가 부여되고, 흥미로움이 배가 된다. 각 문장의 강약, 각 장면의 템포 조절이 훌륭해서 책을 읽어주며 마치 영화처럼 빨려 들어가는 경험을 했다.

『그림책의 힘』의 또 다른 공저인 마츠이 다다시는 그림책 읽어주기에 관한 실험을 했다. 학생에게 그림책을 혼자 읽게 한 다음, 이번엔 작가가 직접 학생에게 읽어줬다. 그리고 그 차이점을 물었다. 학생은 작가가 그림책을 읽어줄 때 훨씬 좋았다고 답한다. 누군가가 그림책을 읽어준 덕에 그림에 집중할 수 있었고, 이야기를 더 잘 이해할 수 있었다고 말이다.

마츠이 다다시는 혼자 그림책을 읽으면 말과 그림 사이에 시간 차가 생겨서 두 가지를 하나로 일치시키는 것이 생각보다 어렵다고 설명한다. 누군가가 읽어주는 행위를 통해 비로소 귀로 들은 말의 세계와 눈으로 본 그림의 세계가 하나가 되며 아이 안에서 진정한 그림책이 완성된다고 말이다.

작가의 말처럼 어른은 그림을 보지만, 아이는 그림을 읽는다.

아이들은 그림책을 통해 시각적 문해력 Visual Literacy을 키워 나간다. 내가 영어 그림책을 읽어줄 때 아이의 시선은 그림을 여기저기 샅샅이 살피느라 바쁘다. 그러다 자기가 좋아하는 동물을 발견하면 기뻐서 그 동물 소리를 내거나 플랩북에 나오는 덤불 숲을 들춰보며 곰이랑 토끼를 발견하고는 씨익 웃는다. 아이가 여기저기 숨어있는 그림을 관찰하고 해석하는 순간, 그 상황에 딱 맞는 표현을 실감 나게 읽어주면 아이는 까르르 웃음이 터진다.

영어 그림책 읽어주는 효과적인 방법

◇◇◇◇◇◇

그렇다면 영유아기 영어 그림책 읽기는 어떻게 시작하면 좋을까.

1. 엄마 혼자서 처음부터 끝까지 소리 내어 읽어본다.

특히 새 영어 그림책을 읽어줄 때 효과적이다. 엄마에게도 워밍업이 필요하다. 처음부터 끝까지 읽으며 줄거리를 파악하고, 단어 하나하나 정확히 발음하는 연습을 하자. 아이에게 읽어줄 때 훨씬 더 실감 나고 효과적으로 읽어줄 수 있다. 열심히 읽다 보면 아이가 달려와 같이 읽고 싶어 하기도 한다.

2. 아이와 함께 아주 천천히 읽어보자.

엄마가 읽어주더라도 책장은 아이 스스로 넘기게 하자. 그러면 보고 싶은 그림을 충분히 살펴볼 수 있고, 아이의 속도대로 책을 읽을 수 있다. 아이가 지루해하거나 그만 읽고 싶어 한다면, 엄마도 거기서 책을 덮자. 그다음 날 아주 조금씩, 그다음 날 또 조금씩 읽어주다 보면 아이도 어느새 새 영어책에 조금씩 익숙해진다.

3. 아주 간단한 질문을 영어로 해보자.

여러 번 읽어 그림책의 내용도 파악이 됐고 단어와 문장에 조금 익숙해졌다면, 그림 속 요소를 손으로 짚어가며 영어로 묻고 답해보자. 등장인물의 이름, 사물의 색깔이나 수 등을 묻는 기초적인 영어 질문으로 아이와 함께 이야기를 확장해 나갈 수 있다. 다음과 같은 질문을 던질 수 있다.

Who are they? 등장 인물이 누구일까?

What are they doing? 그들이 뭐 하고 있지?

What color is this? 이것은 무슨 색깔일까?

Can you count them? 수를 세어볼까?

이렇게 영어 그림책을 읽어주면 어떤 효과가 있을까.

1. 그림책을 통해 아이와 엄마가 소통한다.

소리 내어 책을 읽어주며 엄마 냄새를 맡고 스킨십하면서 중간중간 눈을 맞출 수 있다. 우리 아이는 책을 읽어주는 중에 좋아하는 그림이 나오면 꼭 엄마와 눈을 맞추며 웃는다. 신나는 영어 노래가 등장할 때도 아이의 팔과 볼을 엄마가 손가락으로 두드리며 리듬감을 표현했다. 이 스킨십을 아이가 아주 좋아한다.

2. 효과적인 독후활동으로 연결할 수 있다.

책을 읽은 다음, 책에 나오는 사물을 직접 만져보거나 책에 나온 음식을 맛보며 이야기를 나누고 경험을 확장해 나갈 수 있다. 예를 들어 책에 등장한 바나나를 함께 먹고 바나나라는 단어를 익히며 바나나의 색깔을 물어보고 대답하게 한다.

3. 정확한 의미 전달이 이루어진다.

엄마의 목소리와 뉘앙스로 책의 표현을 익히는 것은 정확한 의미 전달과 상황에 따른 표현을 습득하는 데 아주 효과적이다. 가장 친숙한 엄마를 통해 영어 소통이 이뤄지기 때문에 거부감이 없는 것도 장점이다.

4. 소근육 발달을 연습할 수 있다.

플랩북, 팝업북 등을 만지며 아이의 소근육이 발달한다. 촉감
책을 만지며 다양한 사물의 질감을 느낄 수도 있다. 대근육 활
동은 책에서 읽은 것을 야외와 자연에 나가 바깥 놀이를 하며
적용할 수 있다. 아이는 책에서 읽은 장면들을 자연 혹은 놀이
에 매치시키면서 영어 표현들을 몸으로 익히게 된다.

5. 노래와 함께 기억한다.

나의 경우 책 속의 영어 문장을 읽어주다가 상황에 맞게 노
래하는 것에 거리낌이 없다. 예를 들어 크리스마스 장면을 영어
로 읽으면 크리스마스 영어 캐럴을 불러준다. 생일 축하 장면이
나오면 잠시 읽기를 멈추고 생일 축하 영어 노래를 불러준다.
엄마가 불러주는 노래를 들으며 함께 읽은 영어 그림책은 아이
의 기억 속에 한 편의 멋진 뮤지컬로 남기도 한다.

영어 그림책이야말로 '엄마 목소리 영어'의 최고의 파트너이
다. 이토록 간단하고, 이토록 효과적일 수 있을까. 엄마 목소리
로 읽어주는 영어 그림책으로 아이는 즐거운 상상을 하고, 아이

의 생각 주머니는 커진다.

"그림책의 특별함은 글과 그림의 관계가 아닐까 한다. 글과 그림이 더해져서 그것 '이상'이 된다. 나에게 그것은 마법으로 보인다. 그림책은 그림과 글이 합쳐져서 그림만으로도, 글만으로도 표현할 수 없는 세계를 표현한다."

-앤서니 브라운

엄마의 표정으로
말하는 영어

"영어는 한국어보다 표정이나 발음, 입 모양 등이 더 크고 풍성하게 표현되는 특성이 있다. 귀여움, 사랑스러움, 반가움, 신남, 흐뭇함, 편안함, 두려움, 창피함, 아픔, 슬픔, 억울함 등 여러 감정을 표현하며 아이에게 영어로 말해보자.

비언어적 소통 '표정'의 중요성

◇◇◇◇◇◇

"마스크 때문에 얼굴 표정이 보이지 않아서 언어 발달
이나 애착 형성에 어려움이 있습니다."

2021년 5월, 서울·경기 국공립 어린이집 원장과 교사 총 1,451
명을 대상으로 설문조사를 실시했다.[9] "코로나로 인해 아이들
의 발달 상황이 바뀌었냐"는 질문에 교사의 71.6%, 학부모의
61.8%가 "그렇다"고 답했다. 특히 교사의 74.9%, 학부모의
52.7%는 "마스크 사용으로 인해서 언어 노출, 언어 발달 기회
가 감소했다"고 답했다.

코로나19가 장기화되면서 의무적인 마스크 착용이 공감 능
력, 언어 발달, 얼굴 인식 능력에 부정적 영향을 미치고 있다는
내용이다. 아동발달전문가 손정선 교수는 "표정을 보여주고 눈
을 마주치고 스킨십을 하면서, 부모가 얼마나 많은 대화를 유도
하고 같이 놀이하고 상호작용을 했느냐가 아이의 언어 발달에
영향을 준다"고 설명했다.

소리를 듣고 말하는 과정이 언어를 배우는 절대적인 조건이
자 필수적인 과정이지만, 목소리뿐만 아니라 표정과 눈, 입 모
양을 보는 것 역시 언어 발달에 큰 영향을 미치는 매우 중요한

요건이다.

'표정'이란 마음속 감정이나 정서가 얼굴에 드러난 모양을 말한다. 찡그린 표정에서 부정적인 말을 하게 되고, 활짝 웃는 표정에서 사랑스러운 표현을 하게 된다. 눈 맞춤 역시 소통에서 중요한 역할을 담당한다. 지긋이 눈을 맞추고 대화를 시작하는 것은 상호 존중을 의미한다. 표정은 비언어적 의사소통의 일종이다. 꼭 언어적 소통을 하지 않고도 상대의 표정을 읽고 해석하는 기술이 중요한 커뮤니케이션 능력이 될 수 있다.

미네소타대학교 유아개발연구소의 찰스 넬슨Charles Nelson 교수는 우리의 뇌가 사람의 '얼굴을 볼 때'와 소파나 책상 같은 '사물을 볼 때' 활성화되는 영역이 완전히 다르다고 말한다.[10] 이는 출생 후 6개월 된 아기의 뇌에서도 관찰되는 특성으로, 태어나서 수개월 안에 각각 얼굴과 사물을 알아보는 뇌의 영역이 빠르게 특성화되기 때문이다. 이미 뱃속에서부터 아기 뇌의 각각의 영역에서 얼굴을 인식할지, 사물을 인식할지 정해놓는데, 태어난 후에 아기 눈으로 보는 경험을 통해 뇌의 영역이 완전히 발달하게 된다고 한다.

알베르트 코스타Albert Costa 교수의 연구도 흥미롭다. 그는 『언어의 뇌과학』에서 어려서부터 두 가지 언어에 노출된 아기들은 시각적 단서만으로도 언어를 구별할 수 있다고 했다.[11] 생후 4

개월 된 아기 중에 이중 언어에 노출된 아기는 단일 언어에 노출된 아기보다 사람의 입을 더 많이 쳐다본다고 한다. 이런 특징이 최소 한 살까지 유지되는데, 두 언어를 구별하기 위해 아기가 청각뿐 아니라 시각 정보 역시 충분히 얻으려고 노력하는 것이다.

남편과 내가 아이 앞에서 어쩌다 영어로 대화하면 아이는 정말 우리 둘을 뚫어져라 쳐다보곤 했다. 아이 나름대로 이 언어가 한글인지 영어인지, 어떤 내용의 대화를 하는시 입술 모양을 보며 정보를 더 얻으려 한 것이다. 평소 우리는 시끄러워서 소리가 안 들릴 때도 상대의 입을 쳐다보게 된다. 언어적 커뮤니케이션 정보가 충분하지 않을 때, 비언어적 단서들로 충분한 정보를 얻기 위해 본능적으로 노력하게 된다.

엄마 목소리 영어는 '표정'이 필요하다

◇◇◇◇◇◇

"It's tasty. It's delicious. It's yummy."

아이랑 맛있는 걸 먹을 때 나는 이 세 가지 문장을 한꺼번에 말한다. 정말 맛있어서 감탄사처럼 터져 나오기도 하지만, 그보다

'맛있다'는 여러 가지 영어 표현을 아이에게 알려주고 싶어서다. 맛있다는 표현은 아무리 감정을 빼고 말하려고 해도 그러기 어렵다. 일단 눈썹이 올라가고, 눈이 커지고, 양손이 올라간다. 목소리 톤도 올라가 음계로 치면 '솔' 정도의 하이톤이 된다. 그리고 절로 행복한 미소가 지어진다.

진짜로 맛있을 때 엄마의 표정은 더 우스꽝스러워진다. 입에 음식을 잔뜩 물고 주먹 쥔 양손을 앞으로 마구 돌린다. 아이도 엄마의 반응에 더욱 맛있게 먹는다. 이렇듯 표정만으로 말투가 집약되어 표현되고, 충분한 의사소통이 되기도 한다.

"No running. Tiptoe, tiptoe."

나는 이 영어 문장을 아이에게 한국어로 해석해 준 적이 없지만, 아이가 알아서 '뛰지 마!' 하고 말하고는 까치발로 걷는다. 단호한 표정과 금지의 의미를 엄마의 표정에서 읽어냈기 때문이다. 어떤 때는 영어로 말하지 않아도 아이를 단호하게 쳐다보며 고개만 내저어도 아이는 알아듣는다. 우리는 생각보다 비언어로 많은 말을 할 수 있다. 심지어 표정만으로 더 효과적일 때도 있다.

"Peekaboo!"

양손으로 얼굴을 가렸다 폈을 뿐인데, 아이는 내게 이렇게 소리친다. 이 단어 역시 내가 '까꿍'이라고 한국어로 말한 적이 없었다. 하지만 아이는 이미 몸짓과 표정으로 알고 있다. 어떤 의미인지 누구보다 빠르게 캐치해서 표현한다. 이미 수도 없이 몸짓과 표정과 말투로 아이에게 의미를 전달했기 때문이다.

나는 영어로 말할 때 비언어적 요소가 더욱 필요하다고 생각한다. 영어는 한국어보다 표정이나 발음, 입 모양 등이 더 크고 풍성하게 표현되는 특성이 있다. 엄마가 아무런 표정과 감정 없이 영어 단어나 문장을 말하면 당연히 전달력이 떨어진다. 조금 과장된 것 같아도 풍성한 표정과 몸짓, 말투가 엄마 목소리 영어를 더 효과적으로 만들어준다.

이제는 엄마 목소리에 표정과 몸짓을 풍성하게 더해보자. 귀여움, 사랑스러움, 반가움, 신남, 흐뭇함, 편안함, 두려움, 창피함, 아픔, 슬픔, 억울함 등 여러 감정을 충실하게 표현하며 아이에게 영어로 말해보자. 아이가 생생하게 영어를 이해하고 표현하게 될 것이다.

"얼굴에 나타난 표정은 보편적이라 아주 이해하기 쉽

다. 그것은 마음의 단면을 보여주는 것으로, 그 조그마한 공간에 수많은 것들이 가득 차 있다. 그러므로 우리는 말로 표현하자마자 얼굴에서 한 문장을 읽어 낼 수 있다."

-제레미 콜리어

2장

17년
영어 강사는 왜
'엄마 목소리 영어'를
추천할까

아직 한글도 모르는데,
영어 노출 괜찮을까

"한글이 먼저냐? 영어가 먼저냐? 영어 교육에 몸담은 17년 동안, 또 아이를 양육하면서 끊임없이 받아온 질문이다. 언어가 마법을 부리는 이 결정적 시기에 둘 중 무엇이 먼저일까 고민하다 놓치기보다 '모국어의 중요성을 인지하면서 제2외국어인 영어를 자연스럽게 받아들일 수 있는 환경'으로 조성해 주면 좋겠다."

4개 언어에 노출된 아이

◇◇◇◇◇◇

"How is her English?" (아이가 말을 잘하나요?)

로스앤젤레스에 잠시 머물고 있을 때였다. 놀이터에서 만난 아이의 엄마와 이런저런 얘기를 나누다가 문득 궁금해졌다. 아이가 이제 막 돌이 지났다고 했는데, 워낙 발육 상태가 좋아서 말도 빠를 것 같아 이렇게 물었다.

아이 엄마는 아이의 말이 아직 느리고 서툴다고 했다. 아마도 4개국의 언어에 노출돼 발화가 늦어지는 것 같다고 덧붙였다. 부부는 아이에게 주로 영어로 말하려고 하지만, 자신이 프랑스인이라서 프랑스어로 종종 말하고, 남편은 멕시코인이라서 스페인어를 쓴다고도 했다. 아이를 돌보아 주시는 아주머니가 인도네시아인이라서 인도네시아어에도 노출됐다고 했다.

놀라운 것은 아이의 말이 늦어지는 것에 대해서 특별히 걱정하지 않는다는 것이었다. 여러 언어에 노출되는 환경을 아주 자연스럽게 받아들이고 있었다. 대화를 나누며 나는 그동안 아이의 말이 늦어져 고민했던 시간이 떠올랐다. 나 역시 아이가 태어나서부터 일상에서 영어와 한국어를 혼용해 사용했다. 다만 모국어인 한국어의 비율을 항상 높게 하려고 신경 썼다. 아이가 한국어를 적절하게 구사하면서 일상에서 영어를 자연스럽게 받아들일 수 있게 도와주고 싶었다.

하지만 아이의 발화가 늦어지자 주변에서 온갖 우려의 목소리가 들려왔다. 나는 꿋꿋하게 이중 언어 환경을 고집하면서도 주변의 걱정에 가끔 마음이 흔들리곤 했다. '아직 한글도 모르는 아이에게 영어를 노출하는 게 맞을까?' 하고 말이다.

하지만 우려와 다르게 현재 우리 아이는 한국어를 문제없이 잘 구사한다. 유치원에서 똑소리 나게 자신의 의견을 밀힐 수 있고, 영어로도 간단히 의사 표시를 할 수 있다. 영어를 거부감 없이 받아들여 또래 수준보다 글밥이 많은 영어책을 즐겁게 읽곤 한다.

이중 언어 노출의 장점

◇◇◇◇◇◇

알베르트 코스타Albert Costa는 『언어의 뇌과학』에서 이중 언어의 사용이 인지 능력, 특히 주의 체계의 발달에 영향을 끼친다고 했다.[1] 두 언어의 지속적인 사용은 정신 운동에 해당하기 때문에, 주의 체계의 효율을 높이고 뇌 손상을 막는 데도 도움이 된다고 주장한다. 알베르트 코스타는 자신의 아들인 알렉스의 사례를 들어서 이중 언어의 장점을 이야기한다.

알렉스는 미국 보스턴의 이중 언어를 사용하는 가정에서 태어났다. 어머니는 영어를 쓰고, 아버지는 스페인어를 썼다. 아이는 큰 어려움 없이 두 언어를 동시에 익혀 열네 살이 되었을 때 스페인어, 영어와 더불어 카탈루냐어까지 3개 국어를 완벽하게 구사했다.

이런 사례는 사실 미국에서 특별한 이야기가 아니다. 로스앤젤레스에서 수많은 이민자 가정을 접하며 2개 이상의 언어에 노출된 아이를 만났지만, 그 부모들은 걱정하지 않았다. 무엇보다 어떤 언어가 모국어이고, 먼저여야 한다는 개념이 크게 없었다. 그간 이중 언어를 학습하느라 모국어 능력이 혹여나 떨어질까 걱정했던 시간이 씻겨 내려갔다. 무리한 학습 형태가 아니라 자연스러운 노출 환경이라면, 아이는 서서히 환경에 적응하며 때가 되면 발화한다. 아이가 여러 언어에 노출되면, 사실 말이 늦어질 수밖에 없다. 두 언어 체계가 머릿속에 자리 잡기 위한 시간이 더 필요하기 때문이다.

토론토의 요크대학교 심리학과 엘렌 비알리스토크Ellen Bialystok 교수는 3~10세 어린이 약 2천 명을 대상으로 '이해 어휘'를 조사하였다.[2] 영어만 쓰는 '단일 언어' 아동과, 영어와 다른 언어를 함께 사용하는 '이중 언어' 아동이 그 대상이었다. 어휘 점수 자체는 단일 언어 아동이 약간 더 높았는데, 유의미한 수치는 아니었다. 단일 언어 아동이 이중 언어 아동보다 더 많이 사용하는 단어는 주로 집 안에서 많이 사용되는 '일상 어휘'였기 때문이다. 독서나 학교 등을 통해 습득하는 '학습 어휘'는 두 집단 간에 큰 차이가 없는 것으로 드러났다.

이는 이중 언어 아이가 단일 언어 아이에 비해 결과적으로 학습 어휘를 습득하는 데 있어 결코 떨어지거나 뒤처지지 않는다는 것을 의미한다. 이 연구 결과가 '이중 언어 사용이 모국어의 능력을 떨어뜨리거나 학교 성적에 역시 부정적 영향을 주지는 않을까?' 하는 우려에 대한 답변이 된다고 생각한다.

한글이 우선일까? 영어가 우선일까?

우리는 아이의 언어나 신체 발달이 조금 늦어지거나 더딘 것을 매우 불안해한다. 인구 밀도가 높은 한국의 특성상 늘 많은 이들과 부대끼며 살기에 비교하는 것이 몸에 배어 더 그런 것도 같다. 물론 심각한 언어 지연과 발달은 엄마가 세심하게 관찰하여 치료해 줘야 하겠지만, 이런 극히 일부의 경우를 제외하고는 마음을 조급하게 가지지 말고 그저 꾸준히 인풋을 부어주라고 말하고 싶다.

'한글이 먼저냐? 영어가 먼저냐?'

영어 교육에 몸담은 17년 동안, 또 아이를 양육하면서 끊임없이 받아온 질문이다. 아이가 태어나서부터 취학 전까지는 처음 언어라는 걸 만나 자연스럽게 배워가는 시기이다. 아이의 뇌속에 언어의 지도가 급속히 그려지는 시기이고, 언어가 마법을 부리는 시기이다. 이런 결정적 시기에 둘 중 무엇이 먼저일까 고민하다 놓치기보다 '모국어의 중요성을 인지하면서 제2외국어인 영어를 자연스럽게 받아들일 수 있는 환경'으로 조성해 주면 좋겠다.

아이의 뇌는 우리가 상상할 수 없을 정도로 큰 가능성이 있다고 믿는다. 어릴 때부터 모국어와 영어에 자연스럽게 노출된다면 아이는 세상과 소통하는 더 큰 자원을 얻게 될 것이다.

유아 영어,
글자 학습보다 중요한 것

"단언컨대 영어 조기교육은 지루한 '학습'이 아니라, 자연스러운 '습득'이 돼야 한다. 유아 시기에 글자 학습에 매몰되다 보면, 언어를 통해 사고하고 상상하고 소통하는 힘을 기를 기회를 빼앗길 수 있다."

영어 유치원 입학을 위한 과외

◇◇◇◇◇◇

"강남, 서초 영어 유치원 입학시험 대비 과외!
유아 영어 파닉스, 말하기, 책 읽기
개인 과외, 방문 과외 전문입니다."

유아 영어 과외를 전문으로 하는 업체의 광고 문구이다. 영어
유치원에 들어가기 위해 유아들이 입학 시험을 치른다는 것을
알 수 있다. 또 유치원 입학 시험을 보기 위한 학부모들의 수요
가 상당하고, 이미 이를 대비하는 과외가 강남을 중심으로 성행
하고 있다는 것도 알 수 있다.

"선생님, 우리 애가 영어 유치원을 다니는데요. 아이가 수업
을 너무 못 따라가서 과외를 좀 시키고 싶어요."

학원 강사를 하다 잠시 쉬는 동안 과외 수업을 의뢰받아 한
학부모님과 상담한 적이 있다. 영어 유치원을 위한 과외였다.
아이가 배우고 있는 영어 교재를 살펴보니 글밥이 많고, 단어
수준도 꽤 높았다. 아이의 어머니는 나에게 많은 것을 요구했
다. 첫째, 영어 유치원 과제를 도와줄 것. 둘째, 매일 유치원에서

보는 단어 시험을 연습시켜 줄 것. 셋째, 원서 읽기 중 아이가 어려워하는 문장을 해석해 줄 것. 그리고 마지막으로 레벨업 할 수 있도록 아이의 전반적인 영역별 스킬을 향상시킬 것.

어머니는 아이를 국제중학교에 입학시키는 것이 목표였다. 현재의 모든 계획은 아이가 국제중에 들어가기 위한 영어 실력 향상에 맞춰져 있었다. 영어 교육에 대한 열정이 너무 큰 나머지 국제중이 단지 아이의 최종 목표를 위한 수단이 아니라, 그 자체가 목석이 되어버린 것 같아 안타까운 마음이 들었다.

나 역시 영어 사교육 시장에 몸담았던 사람이지만, 유아 영어 과외는 전혀 동기부여가 되지 않았다. 누구를 위한 과외일까? 아이는 영어 유치원에서 온종일 수업하고 집에 돌아와 다시 영단어 암기와 과제로 들볶일 것이고, 원서 읽기 역시 긴장감 속에서 아이의 속도대로 진행하기 어려울 것이다. 이런 부담을 아이에게 더 지우고 싶지 않았다. 어차피 수업 시간대가 서로 맞지 않아 과외를 할 수 없게 되었는데, 오히려 다행이라는 생각이 들었다. 하지만 결국 다른 선생님에게 과외 수업받을 아이를 생각하니 안쓰러웠다.

유아 영어에 대한 자료를 찾다가 우연히 영어 유치원 관련 인터넷 카페에 들어가본 적이 있다. 유명 영어 유치원에 아이를 입학시키기 위한 정보를 나누는 공간이었다. 유아 영어에 대한 교육열은 익히 알고 있었지만, 그럼에도 나는 질문과 댓글을 살펴보고 적잖이 놀랐다.

"이번에 이 지역에 ○○○ 영어 유치원이 생긴다고 해서 어머님들이 난리가 나셨더라고요. 영어 유치원에 입학하려는 6세 과외 요청이 들어왔는데, 혹시 시험 대비 과외 봐주신 분 계실까요? 팁과 조언 부탁드려요."

"많은 학부모님이 보내고 싶어 하는 곳이에요. 거기 레벨 테스트에서 떨어지는 경우, 아이를 타 학원에서 공부시켜서 재도전하는 학부모들이 많아요. 아이가 그 영어 유치원 입학 시험에 합격하면 밥 산다는 얘기까지 있을 정도예요. 그 유치원 출신 아이들은 졸업하면 거의 영어는 완벽하게 구사합니다. 상위권 아이들 가르친다 생각하시고 과외 수업 준비하셔야 해요."

"케이스마다 달라요. 지인의 딸이 거기 졸업했는데 오히려 스트레스 받아서 영어로 한 마디도 못 꺼내게 한대요."

"○○○은 레벨 테스트 예약 잡기가 쉽지 않으실 거예요. 워낙 경쟁이 치열해요. 레벨 테스트는 기본적으로 스피킹과 리딩이 유창해야 하고, 라이팅은 한 문단 이상은 써야 하는 걸로 알고 있어요. 그런데 이것도 예전 기준이고 지금은 더 높아졌을 거예요. 테스트 날짜를 잡아도 그전에 시험 치른 아이들이 다 합격하면 정원이 차서 못 들어갈 수도 있고요."

"전 그 유치원을 다니기 위해 준비하는 4세를 과외 중이에요. 레벨 테스트 예상 질문을 미리 파악해서 연습시켜야 합니다. 4세도 알파벳을 알고 첫소리와 끝소리 파닉스 완성해야 하고요. 간단한 문장 정도는 읽을 수 있어야 해요. 본인이 좋아하는 동물과 색깔 등의 단어를 쓸 줄 알아야 해요. 4세 아이에게 연필 잡는 것부터 가르쳐서 합격할 때까지 집중시켜 지도하는 게 쉽지는 않아요."

언어는 콘텐츠를 담는 그릇이다

◇◇◇◇◇◇

이토록 과열된 영어 조기교육 환경에서 아이가 즐겁고 신나게 영어를 배우는 게 가능할까? 유아 시기에 단순히 알파벳을 외우고 소리를 익히는 '글자' 위주의 학습이 과연 아이 영어 교육의 긴 레이스에서 얼마나 큰 힘을 발휘할까? 단언컨대 영어 조기교육은 지루한 '학습'이 아니라, 자연스러운 '습득'이 돼야 한다. 유아 시기에 글자 학습에 매몰되다 보면, 언어를 통해 사고하고 상상하고 소통하는 힘을 기를 기회를 빼앗길 수 있다.

약 10년 전, 대만 정부가 만 6세 미만 유아의 조기 영어 과외를 금지하는 법을 발행했다. 유아에게 단어를 쓰게 하거나 문장을 외우도록 하는 방식의 학원 영어 과외를 원칙적으로 금하는 '보습 교육법'을 개정했다. 대만 당국은 "건전한 정서 발달에 방해되는 조기 과열 과외를 차단하겠다는 취지"라고 설명했다.

대만 정부의 취지에 공감이 갔다. 일선에서 학습 위주의 영어 조기교육이 정서 발달을 방해하는 경우를 여럿 목격했기 때문이다. 사교육은 눈에 보이는 결과를 빨리 보여줘서 학부모에게 아이가 성장하고 있다고 안심하게 한다. 하지만 너무 이른 시기에 무리한 양의 단어를 외우느라, 스펠링 한 자 틀리지 않으려고, 문법에 맞춘 문장을 구사하기 위해 큰 압박감에 시달리며 영어에 대한 재미를 잃어가는 아이들을 너무도 많이 보았다. '다 자식 잘되라'고 시작한 영어 교육인데, 시간이 갈수록 부모는 애가 타고 아이는 고통스러워한다.

사실 언어는 내용을 담는 그릇이다. 그릇 안에 무엇을 담을지가 훨씬 중요하다. 우리는 단지 '수단'을 익히는 것에 너무 많은 에너지를 쏟고 있는 게 아닐까. 아무리 발음이 좋고, 원어민처럼 유창한 영어를 구사해도 전문적인 일을 해낼 수 있는 여러 소양을 갖추지 못한 상태라면 무슨 소용일까? 그릇 안에 차곡차곡 자신만의 콘텐츠를 담아나갈 끈기와 낙관성, 정서적 건강함은 영유아기 때부터 시작된다.

오늘도 우리 아이는 아침에 일어나자마자 직접 영어 동요를 틀고 신나게 춤을 춘다. 그리고 읽고 싶은 영어 그림책을 책장에서 꺼내 엄마에게 가지고 온다. 엄마 목소리로 읽어주는 영어를 열심히 듣다가 지만치 혼자 들고 가서 다시 소중하게 열어 본다. 자신이 좋아하는 페이지를 보고 또 보는 것이다. 플랩북을 들춰보고, 팝업북을 작동하며 자연스럽게 영어 표현을 습득한다. 다시 오지 않을 유아기에 오감으로 습득하는 영어, 과열된 사교육이 아닌 '엄마 목소리 영어'여야 가능하다.

두 가지 언어로
사고하는 아이

"두 개의 언어를 한다는 것은 세상을 바라보는 하나의 시야에
또 다른 시야를 더하는 것이다. 좁은 시야에서 벗어나 다양한
관점에서 생각해 보고 객관화가 이루어지면서 더 큰 차원에서
사고하게 된다. 하나의 사물이나 관념에 두 개의 단어를 연결하
기 때문에 같은 사물이라도 의미의 범위가 넓어진다는 것이다."

또 다른 세계로 가는 문

◇◇◇◇◇◇

"한 단어만으로도 관점이 달라졌는데 한 문장, 한 권
의 책, 하나의 도서관을 이용한다면 얼마나 더 시야
가 넓어질까 하고 생각했습니다."

8개 국어를 하는 미국인, 언어 천재 타일러 라쉬는 「EBS 초대
석」에서 한국어를 배우며 갖게 된 새로운 시각을 이렇게 표현
했다. 그가 한국에 오기 전 미국 대학에서 국제 정치학을 공부
했을 때 영어로 '북한'을 검색하면 나오는 정보들이 상당히 빈
약했다고 한다. 아주 오래전 사건이나 제한된 사례밖에 찾을 수
없어서 답답했다는 것이다. 그 후 한국어를 공부하면서 제일 먼
저 한글 검색어로 '북한'을 쳐봤다고 한다. 그 순간 이전까지 본
적 없는 북한에 관련된 현재진행형의 이슈들을 볼 수 있었다.
'지금까지 내가 공부했던 건 뭐지?' 하며 회의감이 들 정도였다.
이때 그는 한국어 한 단어로 관점이 확대되는 경험을 했다고
한다.

"새로운 언어를 하는 것은 세계를 바라보는 또 하나의
창문을 얻게 되는 것이다."

싱가포르의 이중언어 정책을 이끌어왔던 리콴유 전 총리가 『리콴유가 전하는 이중언어 교육 이야기』[3]에서 강조한 말이다. 두 개의 언어를 한다는 것은 세상을 바라보는 하나의 시야에 또 다른 시야를 더하는 것이라고 말한다. 좁은 시야에서 벗어나 다양한 관점에서 생각해 보고 객관화가 이루어지면서 더 큰 차원에서 사고하게 된다.

조지타운대 언어학과 앨리슨 매키Alison Mackey교수는 이중언어를 사용하는 아이들이 한 언어만 사용하는 아이들에 비해 갖는 이점 중 하나로 인지적인 창의력Cognitive Creativity을 꼽았다.[4] 또 다른 이점은 사회성이다. 둘 이상의 언어를 사용하며 자란 아이들은 다른 문화권의 사람들을 좀 더 잘 이해하고 받아들인다고 말한다.

『이중언어 아이들의 도전』의 바바라 A. 바우어 역시 이중 언어를 구사하는 아이들이 덜 규범적이며, 더 창의적이며, 유연하고 열린 사고를 지녔다고 말한다.[5] 다양하게 사고할 수 있는 두 개의 표현 시스템으로 인해 사고의 유연성과 창조성이 커진다고 강조한다. 하나의 사물이나 관념에 두 개의 단어를 연결하기 때문에 같은 사물이라도 의미의 범위가 넓어진다는 것이다.

콜린 베이커Colin Baker는 『이중언어 교육의 기초와 교육』에서 이중언어 아이들이 '풍부한 소통 감수성'을 지녔다는 사실에 놀라워한다[6]. 의사소통할 때 어느 나라 말로 해야 할지, 어느 순간에 언어를 바꿔야 할지 등을 선택하면서 상황과 상대에 대해 반응한다는 것이다. 이들은 상대의 언어적 표현뿐만 아니라 비언어적인 사인도 민감하게 포착할 수 있는 장점을 지닌다.

여러 언어를 말하는 만큼 자유롭다

우리 아이들의 시대에는 보다 자유로운 교류로 경계 없는 세계가 펼쳐질 것이다. 한 분야의 대가가 되려면 최소한 자기 분야에 대해 막힘없이 영어로 말할 수 있어야 하지 않을까. 그런 순간을 맞이하기 위해 영어라는 도구를 녹슬지 않도록 잘 준비해 두어야 한다. 상황과 분야에 맞게 유용하게 바로바로 꺼내 사용할 수 있을 정도로 미리 연마해 놓아야 한다.

비즈니스 대화와 협상에서도 마찬가지다. 어떤 어려운 단어나 문장도 스마트폰 속 AI가 실시간으로 통역해 주는 기술이 더는 놀랍지 않다. 하지만 상대의 문화와 사고를 온전히 이해하며, 묘한 뉘앙스와 분위기를 포착하는 능력은 절대 기계로 대체할 수 없는 다른 차원의 일이다. 상황을 간파하고 적확한 단어를 선택해야 논리적으로 설득할 수 있고, 상대의 입장을 공감한 문장으로 큰 울림을 줄 수도 있다.

두 개의 언어로 사고를 한다는 것은 정말 많은 장점이 있다. 하나의 언어를 배우면서 자연스럽게 그 언어를 쓰는 나라의 문화를 알게 되고, 그 언어 속에 녹아든 정서를 배우게 된다. 다만 꾸준히 감각을 잃지 않기 위해 공부하고 노력해야 한다. 독일의 철학자 루돌프 슈타이너Rudolf Steiner는 이렇게 말했다.

"모국어 외에 또 하나의 언어를 사용할 수 있다는 건 내가 필요할 때면 언제든지 사용할 수 있는 또 다른 도구를 갖는 것과 같다. 모든 언어는 각각의 방식으로 세상을 설명하고 자신의 방식으로 세상을 세워나간다. 따라서 여러 언어를 말하는 사람은 그만큼 자유롭다."

우리 아이의 장난감 공구 상자 속에는 스패너도 있고 망치도 있고 드릴도 있다. 날마다 상자 구멍에 못을 박았다가 나사를 조였다가 풀었다 하며 논다. 아이의 인생에 영어가 꼭 필요한 순간, 엄마와 함께 닦고 조이고 다듬고 연마해 나간 영어의 연장들이 '짠!' 하고 빛을 발하면 더할 나위 없겠다. 우리 아이가 두 개의 언어라는 창문을 활짝 열어 놓고, 보고 싶은 만큼 자유

롭게 보고, 하고 싶은 만큼 오롯이 해보면서 이루고 싶은 목표
에 가까이 갈 수 있으면 좋겠다.

대형 어학원의
불편한 진실

"근무했던 초등 대상의 어학원에서도 레벨 테스트는 최고의 영
업 수단이었다. 레벨 테스트를 어렵게 출제해 학원의 문턱을 높
이는 게 전략이었다. 테스트가 영역별로 세분화되어 있는 이유
는 학부모와 상담할 때 학생의 약한 부분을 바로 짚어줄 수 있
기 때문이다. 누구나 학원 레벨 테스트를 보면 부족함을 느낄
수밖에 없는 구조이다."

티칭보다 관리

◇◇◇◇◇◇

"가르치는 것은 20%이고, 관리가 80%예요.
가르치는 것보다 아이들 관리가 더 중요해요!"

대형 어학원에서 근무할 때 원장님이 수업 전에 강사들을 모아 놓고 한 말이다. 나는 교무실에서 수업 준비를 하다가 이 말을 듣고 힘이 쭉 빠졌다. 이윤을 추구하는 학원에서 원생들이 퇴원하지 않도록 관리에 신경을 쓰는 것이야 어쩌면 당연한 일이다. 하지만 아이들의 영어 교육을 1순위로 생각해야 할 기관에서 수업의 비중을 이토록 낮은 수치로 여기다니 강사로서 회의감이 들었다. 나는 평소 효과적인 교수법과 수업의 질이 강사의 자질을 보여주는 지표라고 생각해 왔다. 그래서 수업보다 관리가 훨씬 중요하다는 말에는 쉽게 동의가 되지 않았다. 수업을 더 꼼꼼하고 착실하게 준비하려는 강사의 사기를 꺾는 말이었다.

"어머님, 온라인 프로그램이 신설돼서 전화드렸어요. 다양한 책 읽기와 듣기가 포함돼 있고, 글쓰기 첨삭이 있어서 에세이 과제를 매주 제출해야 해요."

"선생님, 이거 꼭 해야 하나요? 안 하면 안 될까요? 아이가 기존의 숙제하는 것도 힘들어 하는데요."

"죄송하지만 옵션이 아니라 필수예요. 정규 수업 내용과 연결되어 있어서 꼭 하셔야 해요."

"…알겠습니다."

전국 곳곳의 프랜차이즈 대형 어학원들은 본사에서 개발한 온라인 프로그램을 학부모에게 홍보하고 판매하게 한다. 옵션이 아니라 필수라고 하면서 말이다. 본사의 입장에서 온라인 프로그램은 프랜차이즈로부터 이윤을 추가로 얻는 수단이다. 프랜차이즈 학원 입장에서도 유료 온라인 프로그램은 돈이 되는 효자 상품이다. 원장님은 강사에게 학부모들을 설득해 온라인 프로그램에 모두 등록시키라고 지시했다. 나는 담임을 맡은 반 아이들의 학부모들께 온라인 과제 프로그램을 꼭 하도록 일일이 전화로 설득했다. 오프라인 수업의 과제도 버거워하는 아이들에게 온라인 과제를 추가로 강요해야 하는 상황이 괴로웠다.

보통의 대형 어학원은 상위권 중심의 커리큘럼을 운영하는 게 현실이다. 성과를 내는 소수의 학생이 학원 홍보에 훨씬 큰 도움이 되기 때문이다. 내가 근무했던 학원은 상위권 아이들을 영어토론대회Debating Competition에 정기적으로 참여시켰다. 원어민 강사와 한국인 선생님이 2인 1조가 되어 아이들의 스크립트를 첨삭해 주고 가이드를 해준다. 따로 시간을 내어 토론 연습도 함께한다. 이 시즌이 되면 원장님과 강사들이 대회 준비에 모두 동원되어 토론에 참여할 수 없는 중하위권의 학생들에게 상대적으로 소홀해진다. 좀 더 적나라한 표현을 쓴다면, 이 시기 중하위권 학생들은 상위권 학생들의 들러리라고 표현해도 과언은 아니다.

또 보통 내형 어학원의 커리큘럼은 듣기, 읽기, 쓰기, 말하기의 네 가지 영역에 대한 수업을 고루 배분하느라 학습 진도가 빠른 편은 아니다. 문법의 경우, 어떤 내용은 한두 달 정도의 기간에 집중해서 끝낼 수 있는 것을 수개월, 길게는 수년에 걸쳐 수업하기도 한다. 교육 장사의 민낯이다.

영어 계급 사회

◇◇◇◇◇◇

"선생님, 위층에 올라갔더니 인테리어가 저희 교실이랑 완전히 달라요. 저도 저 윗반에서 공부하고 싶어요."

외고 입시를 목표로 영어를 가르치는 어학원에 근무할 때였다.

당시 그 학원은 레벨 테스트에 따라 최상위, 상위, 중위 등의 클래스를 층별로 나누고 인테리어를 완전히 다르게 했다. 당연히 최상위 클래스의 인테리어는 벽지부터 바닥재까지 아래층과는 다른 고급 자재로 마감했다. 최상위 클래스는 보통의 레벨 이름을 부르지 않고 한자로 된 고유명사를 붙인 것도 학원의 전략이었다. 자신의 영어 실력에 따라 더 높은 층, 더 고급스러운 인테리어를 누릴 수 있다.

학원의 시스템은 모든 원생들의 상승 욕구를 자극했다. 최상위 학생은 우월감을 가지고, 그에 미치지 못한 학생은 열등감을 가졌다. 요즘 인기 있는 넷플릭스 시리즈의 한 드라마에서 묘사한 층별로 나뉜 계급 사회와 별반 다를 게 없었다.

이 학원의 최상위 클래스에서 공부한다고 하면, 인근에서 모두 실력을 인정할 정도로 유명했다. 최상위 클래스 학생들은 이 학원의 얼굴이며, 마케팅 수단이었다. 결정적으로 회의감이 들었던 사건은 '외고 합격자 명단'에 실제 학원에 다니지 않는 학생의 명단을 끼워 넣었을 때였다. 원생이 아닌 외고 합격자를 섭외해 잠깐 학원에 다니게 한 후, 합격자 명단에 버젓이 이름을 올렸다.

입시 학원이 아니더라도, 요즘 대형 어학원의 레벨 나누기는 '기본' 시스템으로 여겨진다. 근무했던 초등 대상의 어학원에서도 레벨 테스트는 최고의 영업 수단이었다. 레벨 테스트를 상당히 어렵게 출제해 학원의 문턱을 높이는 게 전략이었다. 레벨 테스트가 영역별로 세분화되어 있는 이유는 학부모와 상담할 때 학생의 약한 부분을 바로 짚어줄 수 있기 때문이다. 누구나 학원 레벨 테스트를 보면 부족함을 느낄 수밖에 없는 구조이다. 극대화된 부모의 불안감은 결국 학원 등록으로 연결된다.

"선생님, 우리 애 높은 레벨로 해주세요."
"이 레벨은 아이 수준엔 좀 어려워서 적응하기 쉽지 않을 텐데요."

그러다 보니 아이의 레벨 테스트 결과에 실망하고, 아이 수준보다 높은 반에 배정해 달라고 요구하는 학부모가 더러 있었다. 자녀가 높은 레벨에 가서 공부하면, 그 레벨이 온전히 아이의 실력이 될 거라고 착각하는 것 같았다. 학부모의 강력한 요구에 어쩔 수 없이 아이를 높은 레벨에 배정하고 나면, 어김없이 문제가 생기고 말았다. 높은 반에서 힘겹게 버티다가 학원을 도중에 그만두거나 아래 단계의 반으로 자진해서 내려가는 경우도 있었다.

학원 레벨이 영어 실력이라는 착각

◇◇◇◇◇

대형 어학원의 소위 '탑반'에 배정된 아이들은 평균적으로 독해 실력과 어휘력이 높은 편이다. 나머지 영역도 평균 이상이다. 꾸준히 높은 레벨에서 공부하고 있다는 것은 매번 보는 단어시 험과 과제, 분기별 레벨 테스트를 비교적 성실히 통과하고 있다 는 뜻이기도 하다. 끈기와 성실성이 뒷받침되어야 한다.

하지만 이 성실성은 학원의 커리큘럼만 그대로 따라왔다는 것을 의미하기도 한다. 학교와 학원 숙제를 하기에만 급급해서 다양한 영어책을 읽을 시간이 없는 경우도 많았다. 그래서인지 오히려 터무니없이 쉬운 단어와 표현을 모르는 경우가 꽤 있었 다. '아니, 이 반 학생이 이 단어를 모른다고?' 하는 생각이 들 정도였다. 높은 레벨에서 공부하고 있지만, 기본이 안 되어 있 는 경우였다. 또 너무 자신의 실력을 과신한 나머지 중학생이 되고 나서 내신이 고꾸라지는 경우도 있었다. 오히려 낮은 레벨 에서 착실히 노력한 아이의 내신이 점차 좋아지는 경우도 여럿 봤다.

17년 동안 학원에 근무하면서 무엇을 위해 이렇게까지 해야 할까? 하는 회의감이 들었다. 이 학원의 시스템은 결과적으로 누구를 위한 걸까? 성적으로 줄 세우고, 성적대로 높은 층에 오르는 사교육 시스템에서 아이들은 무엇을 배울까? 학원에서 조장한 상승 욕구를 이용해 조금이라도 비교 우위에 선다면 진정한 실력과 성취감이 생길까? 확실한 것은 이 학원에서는 우리 아이들의 존재 가치가 성적순으로 매겨진다는 것이다. 끊임없이 친구와 자신을 비교할 수밖에 없다. 올라가면 잠시 기쁘더라도 내려갈까 봐 노심초사한다. 내려가면 주눅 들며 자신감과 자존감이 떨어지는 경우도 많았다.

특히 아이가 어릴 때는 레벨로 영어 실력을 평가할 시기가 아니다. 레벨이 중요한 게 아니라 다양한 영어의 인풋을 쌓아가는 시기이다. 영어 그림책, 영어 동요, 영어 DVD, 영어 말하기 놀이 등 영어를 즐겁게 접하고 습득할 방법이 무궁무진하다. 아직은 레벨로 나뉜 좁은 강의실에서 영어를 학습하지 않아도 된다. 당장 아웃풋으로 결과를 보여주지 않더라도 괜찮다. 충분히 읽고 듣고 말하고 써보면서 실력을 쌓아나갈 수 있다. 그러니까 학원 레벨이 곧 실력이라는 착각을 버려야 한다. 불안을 파는 사교육 시장에 더 이상 주도권을 뺏기지 말자.

"우리 아이가
영어 너무 재밌대요!"

"영어를 꾸준히 접해왔다면, 파닉스는 학령기가 되면 자연스럽게 뗄 수 있는 경우가 많다. 연령에 맞는 적기에 학습이 이뤄지면, 시간이 단축되고 효율은 높아지니 과정이 즐겁고 결과도 좋을 수밖에 없다."

아이의 속도대로 가기

◇◇◇◇◇◇

"선생님, 아이가 영어 수업이 너무 재밌대요.
숙제도 아닌데 미리 교재를 해놓네요. 너무 신기해요!"
"정말 다행이네요. 칭찬 많이 해줘야겠어요.
앞으로도 재밌게 가르칠게요."

어학원 퇴사 후에 영어 공부방을 운영했다. 누구의 간섭도 없이 내 교육 철학대로 아이들을 가르치는 게 소박한 꿈이었다. 작은 평수의 아파트를 월세로 얻어 집처럼 편안한 영어 몰입 환경을 만들었다. 아이의 속도와 수준에 맞게 커리큘럼을 짜서 하루하루 재밌게 영어 수업을 해나갔다. 아이들이 영어를 즐거운 마음으로 배우고, 알아서 숙제도 척척 한다는 피드백을 받을 때 강사로서 보람을 느꼈다.

공부방 수업에서 아이들이 영어에 재미를 느낀 이유는 아마도 무리하게 속도를 높이지 않았기 때문이라고 생각한다. 학부모들은 파닉스 진도가 어디까지 나갔는지, 선행 학습이 어디까지 이뤄졌는지를 중요하게 여긴다. 하지만 사실 아이가 얼마나 소화하고 있고, 그래서 아이 스스로 능동적으로 영어를 익히고 있으며 또 얼마나 영어에 흥미를 느끼고 있는지가 훨씬 중요하다.

많은 아이들을 가르치고, 여러 반을 개설해 수업하다 보니 적기에 가르쳤을 때 눈에 띄게 효율이 높아진다는 것을 알게 되었다. 예를 들어 파닉스반을 각각 초등 1학년과 2학년 반으로 나눠 개설해 수업한 적이 있다. 두 반이 똑같이 시작했는데, 2학년이 먼저 파닉스가 완성되었다.

여기서 '파닉스의 완성'이란, 파닉스 교재에 나와 있는 단어들을 정확히 발음하고 읽고 쓸 수 있는 단계를 말한다. 사실 파닉스의 진정한 완성은 꾸준한 다독을 통해 이루어진다. 하지만 우리는 보편적으로 알파벳의 기본적인 음가들을 알고, 기초적인 단어들의 발음을 익히고, 이 공통된 규칙들을 파악하고 있다면 파닉스가 완성되었다고 본다. 1학년은 4개월 정도 파닉스 수업을 더 진행한 후에야 파닉스가 완성되었다. 두 반을 함께 수업해 보니 그 1년이란 연령 차이가 매우 크게 느껴졌다.

영어를 꾸준히 접해왔다면, 파닉스는 학령기가 되면 자연스럽게 뗄 수 있는 경우가 많다. 연령에 맞는 적기에 학습이 이뤄지면 시간이 단축되고 효율은 높아지니 과정이 즐겁고 결과도 좋을 수밖에 없다. 다만 생후부터 초등학교 입학 전까지 엄마와 함께 있는 시간 동안 기본적인 영어 감각을 길러주는 것은 필요하다. 아이에게 매일 재미있는 영어책을 읽어주고, 꾸준히 짧은 문장이라도 영어로 말해주고, 반복적으로 듣기를 해주는 것으로 충분하다.

더불어 영어 공부방에서는 아직 미숙한 영어 실력에 대해 아이들이 전혀 부끄러울 필요 없는 분위기를 만들었다. 이 단어와 이 문장을 모른다고 해서 레벨이 떨어지면, 아무래도 아이들은 주눅이 들게 마련이다. 내 수업에서는 영어로만 말해야 하는 규칙이 있었는데(대신 쉬는 시간엔 원 없이 한국말로 떠들어도 된다), 단어를 몰라 영어 문장을 뱉기 어려워하는 경우가 많았다. 아직 어휘가 부족한 아이들을 위해 모르는 단어가 있을 때는 이 문장으로 물어보게 했다.

"How do you say '주전자' in English?"
"It's a kettle."

아이들은 눈에 보이는 거의 모든 한국어 어휘를 저 문장 속에 넣어 물어보았다. 그래봤자 교실에서 쓸 수 있는 어휘는 상당히 한정적이어서 몇 가지 표현만 익혀도 회화에 자신감이 붙었다. 이른바 '교실 영어'만 완벽히 해놓아도 어느 정도 말하기 도구가 생기는 것이다. 아기와 엄마가 함께 쓰는 유아어baby talk 도 마찬가지다. 사실 자주 쓰는 표현이 정해져 있어서 조금만 노력하면 얼마든지 엄마 목소리로 영어 표현을 말해줄 수 있다.

'굳이 영역별로 영어 수업 안 하고, 학생들에게 온종일 저 책들만 다 읽혀도 좋겠다. 이 책들만 제대로 읽는다면 아이들에게 큰 자산이 될 텐데…'

어느 날 수업 전 혼자 공부방에 앉아서 책장에 꽂힌 수많은 원서를 보며 이런 생각이 들었다. 초등 시기에 영어 그림책이 얼마나 큰 재미와 효율을 보장하는지 알기 때문이다. 그날로 '영어 도서관' 제도를 운영하기 시작했다. 아이들 스스로 자기 레벨의 섹션에서 매주 책을 빌려가 읽고 반납하는 제도이다. 하지만 아이들은 일주일에 한 권 읽는 것도 버거워했다. 책장 안에 빼곡히 꽂힌 재밌는 원서들을 다 읽은 아이들은 아무도 없었다. 아이들은 영어학원 외에도 다른 학원 과제와 교과 공부에 치여 한가하게 영어책 읽을 시간이 없다고 했다.

영어는 재밌어야 한다

◇◇◇◇◇◇

"너 외국에서 살다 왔니? 외국에서 공부하다 왔어?"
"아뇨, 전 어렸을 때부터 인어공주 애니메이션을
100번도 넘게 봤을 뿐이에요!"

국제영어교사 자격증TESOL을 위한 수업을 들을 때였다. 영어를 무척이나 자연스럽게 구사하는 동기에게 원어민 교수님이 외국에서 살다 왔냐고 물은 적이 있었다. 그녀는 동기들 중에서 제법 영어 실력이 출중했다. 「인어공주」에 나오는 대사를 처음부터 끝까지 모두 다 외워서 말할 수 있다니! 똑같은 애니메이션을 그토록 반복해서 볼 수 있었던 그녀의 끈기와 열정이 참 대단하게 느껴졌다. 누가 시켜서 한 게 아니라 스스로 재밌어서 했다는 것, 그러니까 '꽂혀서' 가능한 일이었다. 듣고 보니 그녀의 말투와 표정, 몸짓에서 디즈니 특유의 억양과 감성이 묻어나오는 것 같았다.

나는 강사로 근무하면서 '엄마가 시켜서' 억지로 공부하는 아이들을 많이 보았다. 새로 배우는 것들에 대해 호기심이 전혀 없고, 그저 공부의 무게에 짓눌려 책상 앞에 엎드려 있는 아이들을 보며 참 안타까웠다. 그래서 내가 영어 공부방을 운영하면서도, 아이를 낳고 키우면서도, 최대한 자유롭고 편안한 환경에서 영어를 접하게 하고 싶었다.

물론, 온종일 아이와 함께 있다 보면 나도 모르게 욕심이 생기고 힘이 들어갈 때가 있다. 하지만 의식적으로 되뇐다. 미래를 앞당겨 미리 걱정하지 말자. 현재를 즐기며 지금 행복한 아이로 키우자. 아이가 스스로 재미를 찾을 수 있게 아이의 속도대로 가자. 영어라는 언어는 평생 아이가 공부해야 할 도구이고, 꾸준히 감각을 유지해야 하는 수단이다. 부모는 그저 따뜻한 사랑과 격려로 최소한의 환경만 조성해 주면 된다.

우리 가족에게 두고두고 회자되는 에피소드가 있다. 한국에서 살다가 영국으로 이민 간 나의 친언니와 조카가 나눈 등교 첫날의 대화이다.

"오늘 학교에서 어땠어? 선생님이 하시는 말씀 다 알아들었니?"

"네, 다 알아들었어요."

"정말? 그랬구나. 다 알아들었다니 다행이다. 엄마가 노력한 보람이 있네."

"무슨 말씀이세요? 엄마의 노력이라뇨? 제가 그냥 다 알아들은 건데요?"

지금껏 한국에서 살다가 여덟 살 나이에 영국 공립초등학교에 처음 등교했는데, 학교 수업을 다 알아들었다면 이건 엄마의 보이지 않는 엄청난 노고가 아닌가? 엄마 입장에서는 기가 막히고 코가 막혀서 헛웃음이 나올 지경이지만, 조카 입장에서는 엄마가 딱히 영어 공부를 시켜준 적이 없는데 '웬 노력? 웬 보람?' 한 것이다. 엄마랑 그저 놀며 즐기며 영어책을 함께 보고, 영어 동요를 함께 듣고, 영어 애니메이션을 보았을 뿐이다. 그저 매일 숨 쉬는 공기처럼, 항상 입고 있는 옷처럼, 그게 당연한 환경 속에서 컸을 뿐이다.

나는 이 얘기를 듣고 언니가 참 영어 교육을 잘했구나 생각했다. 아이가 영어 공부를 하는 줄도 모르고 영어에 스며들게 해준 것이니까. 나 역시 영어에 대한 욕심이 올라올 때 이 에피소드를 떠올린다.

엄마 목소리 영어를 추천하는
진짜 이유

"어린 시절의 수많은 경험과 자극을 통해 아이는 자신의 흥미를 발견하고 개성을 찾아간다. 이 과정이 없다면 긴 인생길의 초입부터 헤매면서 시작할 수 있다. 엄마 목소리 영어는 아이의 상상력과 창의력, 꿈과 길을 함께 찾아나가는 최고의 수단이다."

아동기는 인생의 대기실이 아니다

◇◇◇◇◇◇

『기다리는 부모가 큰 아이를 만든다』에서 데이비드 엘킨드David Elkind 박사는 "아동기를 인생의 한 단계로 봐야지, 인생의 대기실로 봐서는 안 된다"고 말했다.[7] 그는 인생의 모든 시기를 소중하게 여기고 삶의 각 단계가 적절한 수순으로 이어져야 한다고 했다. 어른이 됐을 때 훌륭한 직업과 자기 분야에 탁월함을 갖기 위해서는 아이의 빛나는 시절을 공부에 희생해도 된다고 생각하는 부모들에게 뼈 때리는 조언이 아닐 수 없다.

학원에서 만났던 학생들을 가만히 떠올려보면, 인생의 대기실에 앉아 있는 모습처럼 보일 때가 있었다. 간혹 그 안에서도 즐거움을 찾아 나가는 경우도 있었지만, 많은 경우 그 시절을 충분히 누리지 못하고 미래를 불안으로 기다리며 준비하는 모습이었다. "빨리 어른이 되고 싶다"고 말했던 초등학생에게 그 이유를 물었더니 "어른이 되면 공부를 안 해도 되잖아요"라며 슬픈 눈빛으로 대답했다.

무려 17년의 시간을 영어 강사로 살아온 내가 아이를 낳고 엄마 목소리 영어를 실천하는 이유는 바로 이 때문이다. 아이의 빛나는 시절을 지켜주고, 함께 누리고 싶어서다. 빽빽한 학원 시간표로 채워진 아이들의 생활은 늘 여백이 없다. 놀고 싶을 때 놀 수 있는 당연한 자유가 요즘 우리 아이들에게 보장되지 않는 것 같아서 진심으로 안타까웠다.

> "그림을 그리는 동안 진심으로 제 유년기에 접속하는 느낌이 들죠. 유년기의 기억은 제 창작의 샘입니다. 하지만 신기하게도 청소년기의 기억은 별로 없어요."

『유럽의 그림책 작가들에게 묻다』에서 10인의 작가 중 한 명인 베아트리체 알레마냐Beatrice Alemagna의 말이다.[8] 어린 시절에 영향을 끼친 경험을 물으니, 열 살 때 큰 배를 타고 20일 동안 터키로 간 가족 여행을 꼽았다. 자신의 유년기를 세 단어로 설명해달라고 했더니 '즐거움, 여행자, 관찰자'라고 답했다. 여기에 나오는 작가들의 대부분은 유년 시절의 즐거운 경험이 작품을 만드는 창조성과 상상력으로 이어졌다고 말한다. 부모가 아이에게 해줄 수 있는 최고의 선물은 즐거운 놀이의 경험이 아닐까.

미국 원어민 강사의 '인풋과 아웃풋' 원리

◇◇◇◇◇◇

"언어를 배울 때 인풋이 80%의 비중을 차지한다고 생각해요. 나머지 20%가 아웃풋을 통해 발현되고요. 인풋이 '듣기와 읽기', 아웃풋이 '말하기와 쓰기'라고 할 때, 충분한 인풋 80%가 채워진 후에 비로소 아웃풋 20%가 가능해져요. 예를 들어 저는 한국말을 아주 잘하지는 못하지만, 현재 듣기 능력이 말하기 능력보다는 훨씬 높아요. 이것은 제가 한국말의 뉘앙스를 어느 정도 이해하고 있다는 뜻이에요. 어떤 말인지 이해할 수 없으면, 대답할 수 없거든요. 이 사실은 대부분의 언어에도 적용됩니다. 12개국의 나중언어를 하는 사람으로부터 알게 된 원리입니다."

캘리포니아 출신의 원어민 강사 타일러Tyler와 영어 교육에 대해 얘기를 나눈 적이 있다. 그는 한국의 초·중등 영어학원과 공립초등학교에서 학생을 가르친 경험이 있고, 현재는 한국인 아내와 함께 영어 공부방을 운영하고 있다. 80%의 충분한 인풋이 부어져야 20%의 아웃풋을 기대할 수 있다고 말한 그는 향후 영어 실력의 차이를 가져오는 가장 큰 요소로 '초기 부모의 환경 설정'을 꼽았다. 아무리 사교육을 잘 받는다고 해도 한정된 시공간, 여러 현실적 한계로 인해 초기 인풋의 차이를 뒤집기 어려운 경우를 많이 보았기 때문이다. 최대한 자유로운 환경 속에서 충분한 인풋을 부어주는 부모의 노력이 필요하다고 강조한다.

"돈을 많이 들여서 제 아이를 학원에 보내고 싶지는 않아요. 전 아이들이 그냥 자유를 가졌으면 좋겠어요. 한국과 미국의 교육은 상당히 달라요. 무엇이 좋고 나쁘고를 떠나 교육 시스템이 완전히 다르죠. 제가 자란 마을 주변에는 학원이 없었어요. 미국의 초등학교는 오후 2~3시쯤 모든 수업을 마치고, 공원이나 강가에서 놀거나 함께 자전거를 타요. 스포츠를 즐기며 교류하고, 친구를 만들고, 사회를 배우죠. 반면, 한국의 학생들은 대부분 학원에서 친구들을 만나고 우정을 키우죠. 그걸 가장 큰 차이로 느꼈어요."

미국 학생들의 문화 전반은 '스포츠'로 귀결되는 특징이 있다. 어린 시절부터 미식축구나 농구 등을 즐기고, 한 마을의 학생이 타 도시의 아이들과 함께 경기를 치르면서 사회성을 기른다. 각자 서로의 학교에 오가고 시합하면서 라이벌이 되기도 한다. 라이벌 팀과 경기하면 마을 전체가 들썩인다. 그는 "미국이 위대하다는 것은 결코 아니지만, 이런 문화가 한국에서도 가능했으면 좋겠다"고 말한다. 어린 시절, 순수한 열정으로 같은 팀을 응원하며 쌓은 연대감, 땀 흘리며 단련한 신체 근육, 뇌 근육이 향후 어떤 공부를 하든 큰 자산이 되기 때문이다.

아이를 위로하고 안아주는 엄마 목소리

◇◇◇◇◇◇

엄마 목소리 영어를 추천하는 또 다른 이유는 세상의 그 무엇으로도 대체할 수 없는 따뜻함과 안정감 때문이다. 라이브Live Science에서는 「안아주는 것처럼 위로가 되는 엄마 목소리」라는 제목의 기사를 게재했다.[9] 위스콘신 매디슨 대학의 생물 인류학자인 레슬리 셀처Leslie Seltzer는 7~12세 아이 61명을 대상으로 실험했다. 이들이 즉흥 연설을 하게 하고, 낯선 사람들 앞에서 수학 문제를 풀게 한 후, 심장 박동과 스트레스 호르몬인 코르티솔 수치를 측정했다.

어려운 과제를 수행하고 평가를 받아야 하는 상황은 스트레스를 유발한다. 이 상황에서 세 개의 그룹은 각기 다른 보상을 받았다. 첫 번째 그룹은 엄마가 직접 안아주고 스킨십하며 위로했다. 두 번째 그룹은 감정적으로 중립적인 75분짜리 비디오를 보았다. 세 번째 그룹은 엄마와 전화 통화를 하며 목소리를 들었다.

실험 결과, 엄마랑 상호작용을 했던 첫 번째 그룹과 세 번째 그룹에서 진정 효과가 나타났다. 사랑 호르몬이라 불리는 옥시토신 수치가 상당히 올라갔으며, 스트레스를 나타내는 코르티솔은 씻겨 내려갔다. 놀라운 것은 전화로 단순히 엄마 목소리를 듣는 것만으로도 실제로 어깨를 두드려주는 것과 비슷한 효과를 얻었다는 사실이다. 이런 효과는 비디오만 본 두 번째 그룹에서는 나타나지 않았다.

영어라는 다소 낯선 환경을 엄마 목소리를 통해 들려주는 과정은 매우 안정적이고 효과적인 방법이다. 가장 친밀하게 애착을 형성하며 외국어를 익힐 수 있기에 아이가 이를 스트레스 환경으로 받아들이기 어렵다. 또한 일하는 엄마여서 매일 아이 옆에서 목소리를 들려줄 수 없다고 하더라도 녹음해서 들려주는 방법으로 실천해 볼 수 있겠다. 아이는 기계를 통해 듣는 원어민 목소리보다 엄마 목소리에 훨씬 더 귀를 기울여 줄 것이다.

상상력과 창의성, 꿈을 함께 발견하다

◇◇◇◇◇◇

우리 아이가 난생처음 소방관 아저씨들을 본 날이었다. 커다란 소방차를 타고 긴박하게 출동하는 모습을 바로 눈앞에서 생생하게 목격했다. 그날 이후 아이는 『Curious George and the Firefighters』라는 책을 자기 전에 무한 반복으로 읽어달라고 졸랐다. 엄마 목소리가 쉴 때까지 열심히 읽어주었다. 그림 속에 나오는 모든 소방차를 손으로 짚으며 그때의 기억을 소환하고는 흥분한다. 상상이란 게 사실 거창하지 않다. 엄마와 나누는 일상의 말과 책과 노래가 모든 생각의 근원이 되고, 풍부한 상상으로 이어진다.

아이는 놀이를 통해 상상력과 창의력을 기른다. 애착이 쌓인 엄마와의 상호작용을 통해 상상력, 창의력 주머니가 더 커지기도 한다. 어느 날 내가 공원에서 맨홀 구멍에 나뭇잎을 넣으며 "Let's put this leaf into the hole"이라고 말했다. 그걸 본 아이는 자신의 크록스 샌들에 있는 여러 구멍들 속에 나뭇가지를 넣기 시작했다. 그다음엔 돌과 나무 조각 등 온갖 자연의 것을 그 구멍 속에 넣으며 놀았다. 신발 속이 더러워지긴 했지만 말이다. 스티브 잡스Steve Jobs가 했던 이 말이 떠올랐다.

> "창조성이란 단지 점들을 연결하는 능력이다. 창조적인 사람들에게 그걸 어떻게 했냐고 물어보면, 그들은 약간 죄책감을 느낀다. 그들은 단지 이 경험을 연결해서 새로운 걸 합성해 냈을 뿐이다."

아이와 살을 부비며 엄마 목소리로 책을 읽어주다 보면, 아이의 취향을 결코 모를 수가 없게 된다. 명화가 나오는 그림책을 읽으면 아이가 어떤 그림을 좋아하는지 단박에 보인다. 우리 아이는 먹는 걸 좋아해서 음식이 나오는 책을 가장 좋아하고, 그 다음이 자동차와 같은 탈것들이다. 반고흐, 세잔, 마티즈, 클림트, 르누아르, 클레의 그림이 소개된 명화 그림책도 상당히 좋아한다. 그중에서도 르누아르 그림을 제일 좋아한다. 부드러운 선과 색채가 아이의 마음을 끄는 것 같다.

"내가 뭘 좋아하고 잘하는지 모르겠어요."

간혹 꿈이 없다고 말하는 아이들을 교육 현장에서 만난다. 자신이 좋아하는 게 뭔지도 모르겠고, 뭘 잘할 수 있는지도 모르겠다는 것이다. 그래서 공부를 하는 것에도 동기부여가 안 된다고 했다. 아이들은 어린 시절의 수많은 경험과 자극을 통해 자신의 흥미를 발견하고 개성을 찾아간다. 이 과정이 없다면 긴 인생길의 초입부터 헤매면서 시작할 수 있다. 엄마 목소리 영어가 아이의 상상력과 창의력, 꿈과 길을 함께 찾아나가는 최고의 수단이 되어줄 것이라 믿는다.

"너 자신이 되어라. 다른 사람은 이미 있으니까."
-오스카 와일드

학원 보내는 최적기,
효율 끌어올리는 법

"알게 모르게 쌓였던 영어 인풋을 학령기에 학습하며 그 원리를 깨닫거나 깊이 알게 되면, 그 시너지가 배가 되어 더 의욕적으로 공부하는 아이들이 있다. 마치 그간 해석하지 못했던 암호를 푸는 것처럼 일상에 널려있는 영단어와 표현들을 알아가는 재미를 느끼는 것이다."

학원에 보내기 적당한 시기

◇◇◇◇◇◇

"우와 선생님, CU 편의점의 CU가 이런 뜻이었군요!"

어느 날 초등 2학년 반의 영어 회화 수업 시간에 "See you!"의 뜻이 "잘 가! 또 봐!"라고 알려주었더니, 한 남학생이 호들갑을 떨며 기뻐했다. 편의점 간판을 볼 때마다 이게 무슨 뜻인지 몰라 궁금했는데, 이제 알았다며 반가워하는 것이다. 상점의 간판들부터 음식점의 메뉴, 온라인 게임 용어에 이르기까지 우리 아이들은 수많은 영어에 둘러싸여 산다.

그동안 알게 모르게 쌓였던 영어 인풋을 학령기에 학습하며 그 원리를 깨닫거나 깊이 알게 되면, 그 시너지가 배가 되어 더 의욕적으로 공부하는 아이들이 있다. 마치 그간 해석하지 못했던 암호를 푸는 것처럼 일상에 널려있는 영단어와 표현들을 알아가는 재미를 느끼는 것이다. 그런 호기심이 하나둘씩 충족되면 영어 공부에 놀라운 동기부여를 갖게 되고, 자연스레 좋은 결과로 이어진다.

내가 이른 시기에 과도한 영어 사교육을 반대하는 입장이다 보니, 그렇다면 언제부터 학원이나 공부방에 보내면 적절하냐는 질문을 많이 받는다. 내 경험으로는 초등 2학년 정도가 가장 적절한 것 같다. 초등 3학년부터 교과 과정에 영어가 포함되니 대비하기 좋고, 수업을 따라갈 수 있는 사회성과 모국어 등이 갖춰진 상태라 수업 효율이 좋다. 학원에 보내기로 마음먹었다면 이 시기가 가장 적당하다고 생각한다.

좋은 영어 학원 고르는 법

아이를 학원에 보내려면 무엇을 고려해야 할까. 어떤 학원을 보내야 좋을지에 대해 정리해 봤다.

1. 아이의 기질과 성향을 먼저 파악하자.

큰 학원의 시스템에서도 무리 없이 잘 적응할 무던한 아이인가? 인원이 많으면 선생님께 질문 한 번 못 하고 돌아오는 내성적인 아이인가? 선생님이 가르쳐 주는 걸 야무지게 자기 것으로 만들고, 질문도 서슴지 않는 아이들은 어딜 가나 잘 적응하는 경우가 많다. 반면, 소극적이고 내성적인 아이들은 소규모 수업에서 선생님과 좋은 유대감으로 편안하게 공부할 수 있는 학원에 보내는 게 좋다.

2. 초등 때는 회화 중심의 수업이 좋다.

리스닝과 스피킹에 중점을 많이 두고, 거기서 쌓은 충분한 인 풋을 가지고 리딩과 라이팅으로 연계되는 수업이 좋다. 파닉스 반도 초반부터 얼마든지 회화 수업을 같이 시작할 수 있다. 그 러면 오히려 파닉스도 훨씬 빨리 는다. 내 경우, 영어를 처음 시 작하는 파닉스 반에서도 무조건 영어로만 말하기 수업을 진행 했다. 대신 초반 2~3개월까지는 아이들이 적응할 수 있도록 한 국어와 영어를 병행했다. 이렇게 초반부터 영어 회화 수업을 병 행하면 파닉스가 훨씬 탄탄하게 완성된다.

3. 원어민 선생님과 수업하는 곳이 좋다.

한국인 선생님이 줄 수 없는 다양한 원어민식 표현과 원어민 특유의 자유롭고 열린 수업 방식이 있다. 수업 시간만큼은 영어 몰입 환경이 되니 아이들의 리스닝과 스피킹 실력에 많은 도움 이 된다. 또 한국인과 원어민이 각각 교차로 들어가며 수업하는 학원도 좋다고 생각한다. 다양한 영역별 보완이 이뤄질 수 있다.

4. 커리큘럼이 단순하고, 학습 목표가 명확한 곳이 좋다.

파닉스 과정을 상당히 길게 하고, 쓸데없이 여러 과정을 복잡 하게 만들어서 오래 다니게끔 만드는 학원이 더러 있다. 과정이 단순하고, 학습 목표가 구체적이고 명확한 학원이 좋다.

5. 영어 원서를 교재로 하는 곳이 좋다.

영어 문법은 잘 만들어진 한국 교재가 많다. 하지만 그 밖의 교재들은 원서가 좋은 경우가 많다. 미묘한 차이지만 삽화와 예시 등이 영어식으로 사고하는 데 영향을 준다고 생각한다. 한국에서 만든 교재들은 아무래도 입시 스타일에서 완전히 벗어나기 어렵다.

6. 영어책을 꾸준히 읽을 수 있는 시스템이 좋다.

정규 수업 외에 꾸준히 다독할 수 있도록 영어 독서 프로그램이 잘 짜인 학원이 좋다. 대신, 정규수업 외에 온라인 영어 리딩 프로그램에 과도한 시간을 쏟게 하는 경우 아이가 버거워할 수 있다. 아이 수준에 맞게 영어 독서를 즐기면서 해나갈 수 있는 시스템인지 잘 살펴보는 게 좋다.

학원 공부 효율 높이는 법

학원에 보낼 때 학습의 효과를 배가시킬 수 있는 팁, 그리고 학원에서 효과적으로 공부하는 방법에 대해 알아보자.

1. 엄마표 영어로 기본회화를 탄탄하게 다진 후에 시작한다.

기본 회화가 어느 정도 완성된 후에 학원에 보내면 수업을 따라가기 쉽고, 학원의 학습 피드백을 잘 활용할 수 있다. 듣기와 말하기의 인풋이 읽기와 쓰기의 아웃풋으로 나오는 데도 도움을 줄 수 있다.

2. 듣기 숙제를 제대로 할 수 있도록 지도한다.

보통 쓰기 숙제보다 듣기 숙제를 덜 해오는 경향이 있다. 겉으로 드러나지 않으니 잘 안 하거나 대충 해오는 것이다. 아이가 일상 속에서 영어에 익숙해질 수 있도록 CD를 자주 틀어주는 등 '흘려 듣기'를 습관화하자. 물론, 매일 일정 시간에 '집중 듣기'를 하는 것도 좋다. 학원에서 아이들을 가르쳐 보면 가정에서 듣기 학습이 잘된 아이들과 아닌 아이들의 실력 차가 상당함을 알 수 있다.

3. 영어 쓰기와 토론으로 발전시키자.

어려서부터 영어 노출이 많아서 읽기를 충분히 했고, 영역별로 기초가 어느 정도 완성됐다면, 쓰기와 토론으로 발전시키면

더할 나위 없다. 학원에 있는 원어민 선생님을 적극 활용해 쓰기에 대한 첨삭을 받고, 여러 주제에 대해 폭넓게 토론하며 말하기를 유창하게 발전시킬 수 있다.

　돈이 전혀 아깝지 않게 영어 학원을 100% 활용하려면, 우선 아이의 기초 실력을 탄탄히 쌓은 후에 시작하는 게 매우 유리하다. 그러면 원어민과 대화하며 오류 수정Error Correction이 활발히 이뤄지고, 학원이 갖춘 인프라와 인적 자원을 제대로 누릴 수 있다. 알파벳도 모르는 아이들이 원어민에게 파닉스를 배우는 것은 솔직히 효율적이지 못하다. 영어가 모국어라 얼마든지 자유롭게 프리 토킹할 수 있는 원어민의 혜택을 제대로 누리지 못하고, 한정된 단어만 듣다 끝나는 파닉스 수업은 비용 대비 효율이 너무 아쉽다는 생각이 든다. 이왕 학원에 보낸다면 이런 내용들을 잘 체크해서 효율을 최대치로 끌어올리면 좋겠다.

3장

0~7세
'엄마 목소리 영어'
환경 설정

효과적인
첫 영어책 환경 설정

"계속 노출하고 인지시키고 호기심이 동해 마침내 읽기의 재미에 빠지게 된 일련의 선순환은 절대로 '그냥' 일어날 수 없는 과정이다. 가장 자연스럽게 아이가 첫 영어 환경에 노출될 수 있는 5가지를 정리했다."

노출과 읽기의 선순환

◇◇◇◇◇◇

"우와, 너흰 진짜 좋겠다. 교실이 도서실이라니!"

내가 초등학교 4학년 때 우리 반은 다른 반 아이들의 부러움을
샀다. 사실 교실 수가 부족해서 도서실 공간을 교실로 꾸민 것
인데, 덕분에 날마다 책이 그득한 공간에서 공부하는 행운을 얻
었다. 예쁘고 사랑스러운 책표지를 구경하면서 자연스럽게 책
을 좋아하게 되었다. 나뿐만 아니라 반 아이들 모두가 책에 관
심을 두었다. 쉬는 시간에 반 친구들은 요즘 어떤 책을 읽고 있
고, 그 책은 얼마나 재밌는지 수다를 떨었다.

나는 그 시기에 시간 가는 줄 모르고 닥치는 대로 책을 읽어
댔다. 딱히 분야도 가리지 않았다. 그렇게 읽고 또 읽다 보니 반
에서 '독서왕'이라는 타이틀의 상도 받았다. 그야말로 책 읽는
맛을 알게 된 것이다. '책 공기'를 마시며 공부하는 교실이 참
좋았다.

책으로 둘러싸인 환경은 집에서도 마찬가지였다. 어렸을 적
집에 계신 아버지를 떠올리면, 항상 책을 읽고 있는 모습이었
다. 여러 분야의 책을 가리지 않고 보셨다. 본인이 워낙 좋아하
셨기에 언니와 나에게도 러시아문학전집과 세계명작동화, 역

사대하소설 등의 책을 아끼지 않고 사주셨다. 나는 심심할 때면 방바닥에 누워 책장에 빼곡히 꽂힌 책의 제목을 가만히 읊조리기도 하고, 한 권씩 뽑아서 훑어보기도 했다. 당시 내 수준으로 읽기에는 글밥이 너무 많고 책도 꽤 두꺼웠다.

중학생이 되었을 때 선생님은 수업 시간에 도스토옙스키와 톨스토이의 책을 자주 언급하셨다. '어, 내가 집에서 제목만 질리도록 봤던 책들이네?' 하는 생각이 들어 신기했다. 국사, 세계사를 배우며 역사대하소설에도 눈길이 갔다. 그간에 범접힐 수 없었던 『파천무』라는 역사소설에 푹 빠져 긴 시리즈를 완독하게 된 계기가 됐다. 이후 나는 집 안 책장에 꽂힌 두꺼운 전집들을 야금야금 빼서 모두 씹어먹기에 이르렀다.

어릴 때는 난 원래 책을 좋아했고, 그래서 많은 책을 읽었다고 생각했다. 하지만 아이를 가르치고 언어 교육을 연구하며 '원래' 좋아하기 위해 선행할 요건이 있다는 것을 알게 됐다. 핵심은 '환경'이었다. 계속 노출하고 인지시키고 호기심이 동해 마침내 읽기의 재미에 빠지게 된 일련의 선순환은 절대로 그냥 일어날 수 없는 과정이었다.

영어책 몰입 환경 첫 단계

◇◇◇◇◇◇

"그래, 방 하나를 영어만 쓰는 공간으로 만드는 거야!"

아이가 돌이 지나면서 나는 야심 찬 계획을 세웠다. 어릴 적 독서 환경에서 얻은 교훈과 엄마표 영어에 대한 나의 신조가 만나 방 하나를 완전히 영어 몰입 환경으로 만들기로 한 것이다. 영어책과 영어 교구를 풍성하게 가져다 놓고, 그 방에서는 오로지 영어로만 소통하리라 다짐했다. 요즘 학원에서 많이 운영하는 '잉글리시 존English Zone' 같은 거다. 여기서는 오직 영어로만 말해야 한다는 규칙을 세웠다.

하지만 결과는 대실패! 아이는 그 방에 오래 머무르지 않았다. 나 또한 영어로만 말해야 한다는, 스스로가 세운 규칙이 부담스러워 그 방에 들어가기가 은근히 꺼려졌다. 특정한 장소에 영어 환경을 국한하면 오히려 영어가 일상이 되기 어렵다는 것을 깨달았다.

그렇다면 영어 몰입 환경은 어떻게 조성해야 할까? 어떻게 시작해야 부담이 없을까? 가장 자연스럽게 아이가 영어 환경에 노출될 수 있는 방법을 하나씩 찾아갔다.

1. 미니 보드북부터 가볍게 시작하자.

아기가 돌이 되기 전부터 손에 영어 미니 보드북을 쥐어줬다. 가볍게 들 수 있을 만큼 작은 크기였다. 아기는 보드북을 손으로 만지고 물고 빨았다. 처음에는 아주 간단한 영단어만 있는 미니 보드북을 읽어줬다. 그다음 단계로 아주 짧은 문장을 읽어줬다. 책이 작고 내용이 단순하다 보니 엄마도 아이도 영어책 읽기를 가볍게 시작할 수 있다.

2. 장난감 상자 속에 책을 숨겨두자.

아기가 좋아하는 장난감 상자나 바구니 속에 영어 보드북을 숨겨두자. 무심코 상자 속에 손을 뻗은 아기가 책을 발견하는 기쁨을 누릴 수 있다. 그러다 그 책들을 들추거나 만져보기도 하고, 때론 블록처럼 쌓으며 놀기도 한다. 우리 아이가 책과 친해지는 데 일조한 방법이다.

3. 아이가 다니는 길목에 책을 놓아두자.

아이가 주로 다니는 동선을 따라 좋아할 만한 책을 놓아두자. 눈에 보이고, 발에 치이고, 손에 잡히는 책은 결코 친해지지 않을 수 없다. 아이는 오가며 책을 펼쳐 보고, 여기저기 들고 다니기도 했다. 그러다가 이 책을 읽어달라고 총총총 달려와 엄마 품에 쏙 안기기도 한다.

4. 미니 책장에 사운드북, 팝업북, 촉감책 등을 꽂아두자.

아이 방에 미니 책장을 놓아두자. 처음 들인 미니 책장에는 책과 놀잇감의 기능을 동시에 갖춘 책을 놓으면 좋겠다. 예를 들면 영어로 된 사운드북, 플랩북, 팝업북, 촉감북 같은 것이다. 놀잇감과 책의 경계가 딱히 없으므로 아이가 영어책도 놀잇감처럼 여기게 된다.

5. 전면 책장에 책을 전시하자.

가장 오래 머무는 공간에 전면 책장을 들이자. 전면 책장은 책의 앞표지가 정면으로 보이게 전시할 수 있는 책장이다. 아이와 주로 생활하는 장소에 책 표지가 훤히 보일 때, 호기심이 일고 손이 가는 게 당연하다. 자주 보아야 익숙해지고 애정이 생긴다.

핵심은 부담 주지 않고, 아주 자연스럽게! 집안 곳곳에 영어 책이 보이고, 손에 잡히고, 발에 밟히게 하자. 그러면 오다가다 심심해서 읽는다. 평소 엄마가 책을 많이 읽어준 아이는 혼자서도 책을 잘 본다. 다른 놀이를 하다가도 불현듯 멈춰서 책을 본다. 아직 글자를 모른다면 그림만 봐도 즐겁다. 그림을 통해 상황을 인지하고 언어를 깨우치게 하는 게 그림책의 역할이고 묘미다. 위의 5가지 방법으로 아이가 영어책에 익숙해지고 친해지게 한다면 다음 과정이 한결 수월해질 것이다.

"책 없는 방은 영혼 없는 육체와도 같다."

-키케로

영어 그림책
→ 놀잇감이 되는 마법

"영어 그림책을 놀잇감처럼 가지고 놀게 하고 싶다면, 영아용 플랩북, 사운드북, 촉감북, 팝업북을 먼저 들여놓자. 놀잇감 같은 책, 책 같은 놀잇감은 첫 영어를 자연스럽게 만나게 하는 훌륭한 도구이다. 영어를 가볍고, 재밌고, 일상적인 놀이로 받아들이게 해준다."

첫 영어책은 '그림책'이어야 한다

<><><><><>

> "아이들은 책을 읽을 때 상상과 현실의 경계에 있어요. 가장 자유로운 자세와 가장 자유로운 마음으로 책 속을 헤엄치게 놔두세요."

CBS 「세바시」(세상을 바꾸는 시간 15)에서 이수지 작가가 강연한 내용이다. 그녀는 '책 읽기는 놀이다'라고 했다. 독서가 교육이 될 때 책 읽는 재미는 시들해진다. 아이가 어렸을 때 독서의 목표는 '그저 책을 좋아하게 만드는 것'이어야 한다.

'아동 문학계의 노벨상'으로 불리는 한스 크리스티안 안데르센상HCAA을 받은 이수지 작가의 『여름이 온다』를 처음 읽었을 때, 기존의 그림책 형식을 뛰어넘는 구성에 적잖이 놀랐다. 글자 없이 그림만으로 이어진 페이지를 따라가며 시각적 문해력을 발휘하기란 생각처럼 쉽지는 않았다. 하지만 '과연 이 그림의 합이 뜻하는 건 뭘까?' 하던 의문은 점차 '오, 이런 이야기, 이런 의미일 수도 있겠다!'를 넘어 '와, 이렇게 즐기면 되는구나'에까지 이르렀다. 아이들이 처음 접하는 영어 그림책 역시 이와 비슷한 과정을 거칠 거라는 생각이 들었다.

아직 글자를 모르는 아이들은 처음 영어 그림책을 보며, 글자보다 그림이 의미하는 것에 더 집중하게 된다. 그림의 의미를 유추하다가 그 인물, 그 사물이 뜻하는 바를 알게 되고, 글자를 하나하나 깨우치며 급기야 스토리의 재미에 빠지게 되는 것이다. 한글을 깨우치는 과정과 크게 다를 것은 없다. 여기서 가장 중요한 전제는 '재미'다. 이 과정이 재미없는 '학습'이 되어버리면 아이는 책과 멀어질 수밖에 없다.

그래서 아이의 첫 영어책은 더 말할 것도 없이 '그림책'이어야 한다. 아무리 언어 천재라도 재밌는 그림책을 뛰어넘어 처음부터 영단어가 빼곡한 책을 줄줄줄 읽지는 못한다. 다행스러운 것은 요즘 아기들의 첫 영어 그림책은 종류가 매우 다양하다. 다채로운 체험을 제공하는 것은 물론, 물고 빨기에 안전한 소재로 나온다. 요즘 아이들에게 책이란 실컷 만지고 부비고 물고 빠는 놀잇감이다.

우리 아이는 놀이방에 놓여 있는 사운드북을 심심할 때마다 발로 한 번씩 꾹꾹 누르고 다닌다. 그러다가 또 심심하면 그 책을 손으로 열어 그림을 보기도 한다. 특별히 책과 놀잇감의 경계가 없다. 책에 등장한 주인공으로 역할 놀이를 하기도 하고, 놀잇감 인형과 놀다가 다시 책 속에 빠져들기도 한다. 아이는 책 속의 주인공을 직접 눈으로 보고 손으로 만지면서 그 이야기에 흠뻑 취할 기회를 얻는다.

영아용 첫 영어 그림책

◇◇◇◇◇◇

영어 그림책을 놀잇감처럼 가지고 놀게 하고 싶다면, 바로 이런 영아용 책들에 주목해 보자. 놀잇감 같은 책, 책 같은 놀잇감은 첫 영어를 자연스럽게 만나게 하는 훌륭한 도구이나.

1. 플랩북 Flap book

책장에 접힌 덮개 부분을 펼쳐서 볼 수 있도록 만들어진 책이다. 「Maisy : Where」 시리즈의 플랩보드북을 아이가 특히 좋아했다. 『Where Does Maisy Live?』, 『Where is Maisy?』, 『Where are Maisy's Friends?』 3권짜리 구성이다. 창문 모양의 플랩을 열어 메이지가 '짠' 하고 나타날 때, 아이는 세상 밝은 표정이 된다. 까꿍 놀이에 최적화된 책이랄까.

2. 사운드북 Sound book

책 속의 작은 버튼을 누르면, 영어 동요가 흘러나오는 보드북이다. 굳이 원서를 구매하지 않은 이유는 한국의 유아용 사운드북이 워낙 잘 나오기 때문이다. 『춤추며 랄랄라 영어 율동 동요』와 『랄랄라 영어동요』를 아이가 좋아했다. 가사에 맞는 동작들이 친절하게 책 속의 그림으로 그려져 있다. 아이가 잘 때 내가 먼저 노래를 들으며 그 동작들을 외웠다. 엄마가 영어 동요를 부르며 신나게 율동하는 모습을 보여주니 아이 역시 영어란 즐겁고 신나는 것이라고 인식한다.

3. 촉감북 Touch & Feel book

다양한 질감의 소재들을 아이가 만지며 느껴보게 만든 책이다. 촉감을 나타내는 다양한 영어 표현을 익히기에 좋다. 사랑스러운 강아지와 병아리가 표지에 있는 『All God's Creatures』를 아이가 좋아했다. 엄마 목소리로 책 속의 문장을 읽어주고, 거기에 맞는 촉감을 함께 느껴본 후, 반복해 말해주면 효과가 좋다. 예를 들면 "fluffy chicks"(솜털이 보송보송한 병아리들)라는 문장을 읽어준 후, 병아리의 털을 아이가 만지게 하며 "It's fluffy!'(솜털이 보송보송하구나)"라고 반복해 말해줄 수 있다. 아이가 차츰 이 단어를 인지하게 될 것이다.

4. 팝업북 Pop-up book

책을 활짝 펼칠 때 그림 작품이 입체적으로 올라오는 책이다. 책을 낳았다 펼칠 때마다 마치 대상이 움직이는 듯한 생동감을 느낄 수 있다. 『Disney's Pop-Up Princesses』는 요즘 아이가 수도 없이 읽어달라고 가져오는 책 중의 하나다. 출판된 지 오래된 원서라 구하기 쉬운 편은 아닌데, 비슷한 종류의 디즈니 팝업북이 많다. 『Zany Zoo』도 아이가 즐겨 읽는 팝업북이다.

영아용 첫 영어 그림책은 처음 만나는 영어를 가볍고, 재밌고, 일상적인 놀이로 받아들이게 해준다. 요즘은 워낙 종류가 다양해 선택의 폭도 무궁무진하지만, 한꺼번에 시리즈로 구매하기보다 아이 반응을 보며 하나씩 늘려나가길 추천한다. 결국

종이책으로 향하게 될 긴 여정의 첫 이벤트를 너무 거창하게
시작할 필요는 없다. 그저 엄마도 아이도 부담 없이 가볍게 접
하고 놀면서 영어를 듣고 익히는 이 순간을 즐거운 관문으로
여겨보자.

세상 모든 장난감이
엄마표 영어 교구

"'영어 교구'라고 해서 값비싼 제품을 상상할 필요는 없다. 엄마와 영어로 즐겁게 놀 수 있는 교구들이 일상에 널려있다. 흔하디흔한 장난감이 엄마 목소리 영어의 훌륭한 환경이 되고, 도구가 된다."

엄마 목소리 영어 교구

◇◇◇◇◇◇

세상의 모든 크고 작은 장난감과 집안 곳곳의 작은 공간까지도 영어 대화의 물꼬를 트는 거리가 되어준다. 평소 아이랑 자주 활용하고 있는 생활 속 영어 교구들을 소개한다.

1. 실내 미끄럼틀

아이가 있는 집에 가장 흔한 실내 놀잇감이다. 아이가 미끄럼 틀을 탈 때마다 이렇게 소리친다. "Don't go up the slide. Be careful!"(미끄럼틀 거꾸로 올라가지 마. 조심해!)

우리집 미끄럼틀 아래 공간에는 양쪽에 문이 달린 아이만의 아지트가 있다. 요즘 이 문을 양쪽으로 여닫으며 엄마랑 '메이 지 놀이'를 하는 데 재미를 붙였다. 루시 커즌스Lucy Cousins의 『Where is Maisy?』에 나오는 표현을 그대로 활용해 놀아주고 있다. "Knock! Knock! Who's there?"(똑똑! 누구세요?) 내가 이렇게 말하면 아이가 문을 열어준다. "It's Maisy!"(메이지!) 몇 번을 반복해도 매번 아이는 까르르 즐거워한다.

2. 놀이 텐트

이케아에서 구매한 놀이 텐트도 훌륭한 '엄마 목소리 영어'

환경이 되어준다. 아이에게 "Go into your tent!"(텐트 안으로 들어가 봐!) 하고 말하면, 신나는 까꿍 놀이가 시작된다. 텐트에 들어간 아이는 엄마를 조용히 기다리고, 나는 천장 위로 슬며시 얼굴을 내민다. 이케아 텐트는 천장에 구멍이 세 개가 나 있다. 나는 그 구멍에 각각 돌아가며 얼굴을 내밀고 아이에게 "Peekaboo!"(까꿍!) 하고 외친다. 아이는 '이번엔 엄마가 어디서 까꿍을 할까?' 천장을 바라보며 엄마 목소리를 기다린다.

3. 소형 장난감 악기들

영유아용 실로폰, 피아노, 칼림바, 우쿨렐레 등도 부담 없이 가지고 놀기 좋다. 아이가 수시로 악기를 꺼내 만져보고 두드리고 소리를 내본다. 소형 장난감 피아노를 손으로 치다가 발로도 누르며 다양한 음계를 즐긴다. 조금 어설프지만 우쿨렐레와 칼림바를 손가락으로 튕기고, 실로폰을 댕댕 치면서 은은하고 청아한 소리를 들어보기도 한다. 엄마는 바로 옆에서 "Play the piano /ukulele /xylophone /kalimba."(피아노/ 우쿨렐레/ 실로폰/ 칼림바를 연주하네) 하고 각각의 악기 이름을 말해준다. 감탄사도 빼놓지 않는다. "Wow! It sounds beautiful /great / wonderful. You're good at playing!" (와우! 아름다운/ 훌륭한/ 멋진 소리네. 연주를 잘하는구나!)

4. 장난감 공구상자

작고 귀여운 망치, 드라이버, 나사, 톱 등으로 구성된 우리집 장난감 공구상자는 미국 브이텍V tech 제품이다. 여러 효과음이 영어로 나와서 숫자와 색깔, 탈것의 이름을 익힐 수 있고, 다양한 연장의 명칭을 알게 된다. 못이나 나사를 넣고 빼고 끼우고 돌리고 조이고 풀고 두드리면서 다양한 동사를 배울 수도 있다. "Let's use (try) a hammer / driver / screw / saw."(망치 / 드라이버 / 나사 / 톱을 써보자) 하고 말해보자. 당부하고 싶은 것은 해외 배송된 장난감의 상자나 설명서를 버리지 말고 살펴보자. 영어로 표기된 상자와 설명서를 통해 엄마가 먼저 각 명칭을 익힐 수 있다. 아이와 활용할 수 있는 핵심 문장이 표기된 경우도 많다. 부피 때문에 보관이 여의치 않다면, 필요한 부분을 오려 두거나 사진을 찍어두는 것도 방법이다.

5. 러닝홈

우리나라에서 '국민 문짝'으로 유명한 피셔 프라이스Fisher Price 사의 러닝홈 제품도 여러모로 잘 활용했다. 아이가 기어다닐 때부터 중고로 구입해 거실 한가운데 두었는데, 문을 여닫으며 오갈 때마다 옆에서 "Open the door! Close the door!"(문 열어요! 문 닫아요!) 하고 말해주었다. 아이가 문짝에 붙은 숫자, 모양, 시계 등을 가지고 놀 때, 그에 맞는 영어 표현을 엄마가 옆에서 말해주는 것도 좋다.

6. 아이가 좋아하는 공간

우리집 침대는 헤드 윗부분이 바깥쪽으로 둥글게 구부러져 뒤쪽에 공간이 남는다. 아이가 딱 지나다닐 수 있을 만큼의 공간인데, 이곳을 아이가 그렇게 좋아할 수가 없다. 어둡고 좁은 자신만의 공간을 통과하며 까르르 즐거워한다. 아이가 이 공간에 쏙 자신의 몸을 숨기면 엄마는 말한다. "Sweetie, where are you?"(아가야, 어디 있니?) 바로 술래잡기 시작! 아이는 침대 왼쪽 끝으로 들어가 금세 오른쪽 끝으로 얼굴을 쏙 내민다. "Oh, you're here! I got you!"(오, 여기 있네! 잡았다!) 밤에 자기 전에 이곳을 수없이 오가며 엄마랑 영어 말놀이를 한다.

이처럼 일상에서 가지고 노는 장난감이 얼마든지 훌륭한 엄마표 영어 교구가 되어줄 수 있다. 아이에게 말해주고 싶은 영어 표현들을 하루에 한두 가지씩만 늘려보자. 금세 엄마가 말해줄 수 있는 단어와 문장이 눈덩이처럼 불어날 것이다.

"놀이는 결코 사치나 시간 낭비가 아니다. 놀이야말로

학습의 가장 기본적인 원형이다. 아기들은 옹알이하

고 놀면서 말을 배운다."

-데이비드 엘킨드

새 영어책을
고르는 기준

"아이가 영어책을 읽어달라고 수시로 조르지만, 절대 아무 책이나 갖고 와서 읽어달라고 하지 않는다. 아이에게도 나름의 기준과 취향이 있다. 아이 취향을 저격하는 새 영어책은 어떤 기준으로 선별할까?"

영어책을 특별한 선물처럼

◇◇◇◇◇

네 살 즈음의 아득한 기억이다. 크리스마스날 아침, 졸린 눈을 비비며 일어났다. 베개 위에 못 보던 게 놓여 있어 한참 쳐다봤다. 눈처럼 하얀 몸에 빨간 뿔을 단 사슴 인형 두 개였다. '이게 산타가 준 선물이구나!' 옆에 있던 언니들이 진짜 산타 할아버지가 왔다 갔다고 호들갑을 떨었다. 시간이 지나도 선명한 그날의 기억은 사실 사랑하는 막내를 위한 언니들의 깜짝 선물이었다. 그때 그 인형을 만지며 느꼈던 설렘과 신비감을 내 아이에게도 온전히 선물하고 싶었다.

새 영어책도 이렇게 신비롭게 만나게 해주면 어떨까 생각했다. 아이들은 늘 새로운 것을 좋아한다. 기분 좋은 첫 만남은 설렘과 기대를 품게 한다. 나는 새 영어책을 들일 때마다 어린 시절의 추억을 상기하며 이 방법을 사용했다. 아이가 영어책을 좀더 특별하게 여기며 애착을 갖는 게 느껴졌다.

1. 책상 정중앙에 새 영어책만 올려놓는다.

주변에 다른 물건이나 책은 없어야 한다. 새 책의 존재감이 돋보이게 말이다.

138

2. 아이 혼자 새 책을 탐색할 시간을 준다.

아이가 아침에 가장 먼저 눈을 떴을 때, 새 영어책을 발견할 수 있게 유도한다.

3. 아이가 고른 책을 엄마 목소리로 읽어준다.

새 영어책을 가져와 읽어달라고 할 때, 엄마가 부담을 갖지 않는 게 가장 중요하다. 처음부터 끝까지 문장을 다 읽어주지 않아도 된다. 그림에 대한 전반적인 묘사나 감탄사만 짧게, 짧게 말해줘도 된다. 엄마가 설레는 마음으로 영어책과의 첫 만남을 가져야 아이에게도 그 감정과 분위기가 그대로 전달된다.

아이가 혼자 앉아 책을 찬찬히 살펴보는 뒷모습을 보고 있는 것만으로 가슴속에 몽글몽글 벅찬 감정이 차오른다. 새로운 책을 이리저리 뒤적이다 엄마에게 갖고 와서는 읽어달라고 조르는 게 귀여워 엄마 목소리로 읽고 또 읽어준다. 하지만 아이도 절대 아무 책이나 갖고 와서 읽어달라고 하지 않는다. 맘에 들어야지만 가지고 온다. 아이에게도 나름의 기준과 취향이 있다.

새 영어책을 고르는 기준

◇◇◇◇◇◇

아이 취향을 저격하는 새 영어책은 어떻게 선별할까? 절대적인
기준은 아니더라도 몇 가지 기준을 가지고 있으면, 고민하고 머
뭇거리는 시간을 대폭 단축할 수 있다. 고민할 시간을 줄이면,
아이와 함께 읽고 소통할 시간은 그만큼 더 확보되는 셈이다.

1. 아이들은 동물에 관한 책을 대부분 좋아한다.

특히 좋아하는 동물이 주인공이 되어 나오는 책을 더 친근하
게 느낀다. 개, 토끼, 곰, 돼지, 호랑이, 사자, 기린, 오리 등이 인
기 있는 동물 친구들이다.

2. 모양에 관한 책도 영아기에는 아주 좋다.

모양 책은 색이 선명한 경우가 많아 모양과 색을 동시에 익
힐 수 있다. 단순한 형태에 색은 강렬해서 모양과 색이 선명하
게 인지되는 유익한 그림들로 이뤄져 있다.

3. 남자아이들은 대체로 자동차 관련 책을 좋아한다.

거리에 나가면 가장 흔히 볼 수 있는 교통수단인지라 매우 흥
미로워한다. 눈에 띌 때마다 손으로 가리키며 학습하기에도 좋

다. 아들에게 바이런 바튼Byron Barton 작가의 탈것 시리즈를 사줬는데 아주 좋아했다. 그중에서도 일상에서 가장 많이 볼 수 있는『My Car』,『My Bike』,『Trucks』를 가장 좋아했다. 책에서 익힌 교통수단을 거리에서 직접 봤을 때 아이가 아주 놀라워했다.

4. 여자아이들은 대체로 공주 시리즈를 좋아한다.

여자아이 중 그 누구도 피해갈 수 없다는 '핑크 + 공주' 시즌! 특히 디즈니의 인기 애니메이션이나 바비 시리즈는 인기 만점이다.

5. 스토리가 있는 책에 흥미를 가진다.

단어만 쭉 나열된 사전 같은 책을 계속해서 고르기보다 이야기가 흥미롭고 다양한 생활영어가 나오고 자연의 여러 풍광이 나오는 그림책이 좋다. 마이클 로젠Michael Rosen, 헬렌 옥슨버리Helen Oxenbury의『We're Going on a Bear Hunt』가 여기에 속한다. 이 책에 나오는 표현을 일상에서 많이 활용했다.

5. DVD가 포함된 책도 좋다.

『Max & Ruby』와『Caillou』같은 시리즈는 DVD가 함께 제공된다. 아이의 흥미를 끌 수 있고, 발음이 상당히 정확한 편이다. 엄마가 아이에게 읽어주기 위해 먼저 들어보는 것도 도움이 된다. 일상에서 활용할 수 있는 좋은 표현들이 참 많다.

6. 세계적인 베스트셀러 작가의 그림책을 선택하는 것도 좋다.

대표적으로 앤서니 브라운Anthony Brown의 그림책은 대부분의 아이들이 호불호 없이 좋아할 책들이다.

어느 날 아이에게 앤서니 브라운의 『My Mom』과 『My Dad』를 읽어주었다. 보통은 새 영어책을 읽어주면 완전히 좋아하는 데까지는 시간이 걸리는 편이다. 어느 때는 며칠, 또 어느 때는 한 달 이상 기다려야 할 때도 있다. 하지만 이 책은 아이가 처음부터 그렇게 좋아할 수가 없었다. 왜 그럴까. 이 작가의 그림책은 대체 뭐가 다를까. 게다가 이토록 오래 사랑받는 이유는 무엇일까.

앤서니 브라운의 책에는 공통적으로 엄마와 아빠, 동물이라는 아이에게 친숙한 화자가 등장한다. 그리고 스토리가 흥미롭고 위트 있는 데다 상상력이 가득 버무려져 있다. 그림의 색채가 컬러풀하고 무늬와 패턴이 다채로운 것도 특징이다. 책 속에서 아빠는 고릴라가 되기도 하고, 엄마는 사자가 되기도 한다. 영유아기 아이들은 아직 'Mom'과 'Dad'라는 단어를 모를 수 있다. 그런데 글을 읽지 않고 그림만 봐도 이런 재밌는 상황에 빠져들고, 화자에 이입하게 된다. 다채로운 그림과 흥미로운 이야기를 통해서 충분히 상황을 유추할 수 있기 때문이다.

영어책의 세상에서 우리 아이는 매일 일상과는 전혀 다른 세계를 만난다. 지구를 벗어나 우주로 갈 수도 있고, 혹은 과거나 미래로 가는 타임머신을 탈 수도 있다. 하나의 주제를 좋아하면 또 다른 세계가 열리고, 그곳은 상상하지도 못했던 또 다른 세계로 아이를 데려간다. 오기심이 점점 더 커져서 자꾸자꾸 영어책의 세계를 탐험하고 싶어진다. 엄마와 아이가 함께 날마다 설레는 여행을 떠나는 것만큼 더 행복한 일이 또 있을까.

매일 영어 음원 듣는
루틴 만들기

"아주 작은 습관이 훗날 큰 변화를 낳는다. 가랑비에 옷 젖듯, 콩나물시루에 물 붓듯 이게 될까, 효과가 있을까 하지만 진짜 된다. 꾸준히 듣기 습관을 실행하다 보면 엄마도 아이도 어느새 훌쩍 성장한 실력을 갖추게 될 것이다."

'엄마 목소리 영어'가 아무리 효과적이라고 해도 온종일 아이 옆에 붙어서 읽어주기엔 현실적으로 어려움이 따른다. 더구나 아이가 초등 저학년을 지나 고학년이 되고 중학생이 되면, 엄마 목소리에 영향을 받는 비중이 점차 줄어든다. 장기적으로 영어 음원의 도움을 받는 것이 여러모로 필요하다.

자연스러운 '흘려 듣기 + 집중 듣기' 환경

내가 초등학교 2학년 무렵, 온종일 방바닥을 뒹굴뒹굴하다가 무심코 TV를 틀었다. 낮 시간이라 그런지 이리저리 채널을 돌려보아도 방송하는 프로그램이 없었다. 유일하게 AFKN이라는 주한미군방송 채널만 나왔다. 이 영어 방송 채널은 어린이 프로그램부터 뉴스, 영화, 드라마까지 다양한 프로그램을 방영하고 있었다. 그날 이후로 이 채널은 내 삶의 배경음악이 되었다. 종일 틀어두고 숙제도 하고 책도 읽었다. 재미있는 프로그램이 나오면 엄청나게 집중해서 보았고, 관심 없는 내용이라도 끄지 않고 켜두었다.

지금 생각해 보면, 이 작은 습관이 내가 영어를 좋아하고 잘하게 되는 데 결정적 역할을 한 것 같다. 영어 실력 향상을 위해 꼭 해야 할 '흘려 듣기'와 '집중 듣기'를 매일 스스로 해낸 셈이니 말이다. 흘려 듣기는 말 그대로 영어 글자나 자막을 보지 않고, 영상이나 오디오를 틀어두고 듣는 것을 말한다. 집중 듣기는 영어 음원을 켜 두고 책이나 대본의 영어 글자를 짚어가며 눈도 함께 따라 읽는 것을 말한다. 훗날 내신 영어와 수능 영어 고득점의 비결은 단연 흘려 듣기와 집중 듣기를 했던 이 시간 덕분인 것 같다. 영어 강사로 어학원에 근무할 때 역시 원어민이 인정할 정도로 발음과 억양이 좋다는 얘기를 많이 들었는데, 이때의 충분한 듣기가 영향을 주지 않았을까 생각한다.

본격 영어 음원 환경 설정

◇◇◇◇◇◇

요즘 영어 음원을 구하는 경로는 다양하다. 스마트폰이나 MP3를 통해서도 영어 음원을 다운로드 받고 재생할 수 있지만, 나는 CD를 선호하는 편이다. 아이가 CD에 있는 그림을 보고 원서와 연결하고, 직접 CD를 선택해 재생할 수 있기 때문이다. 가장 쉽게 시작할 수 있는 시리즈로 '노부영'(www.jybooks.com)을 추천한다. 노부영(노래 부르는 영어) 시리즈는 낱권으로도 구매가 가능하고, 여러 구성 중에 선택할 수도 있다. 어느 쪽

이든 CD와 함께 있는 원서를 구매해 계속해서 음원을 활용하면 효과를 높일 수 있다.

1. CD 플레이어는 집안 곳곳에 둔다.

우리 집에는 CD 플레이어가 총 세 대다. 하나는 거실에, 하나는 안방에, 마지막 하나는 아이 놀이방에 있다. 거실에서 가장 많이 쓰고, 그다음 놀이방, 안방 순으로 사용한다. 덜 사용하는 CD 플레이어가 있더라도 여러 곳에 구비해 두는 것은, CD 플레이어가 곳곳에 있어야 사용 빈도가 높아지기 때문이다. 거실에만 CD 플레이어가 있을 때 아이가 방에서 놀고 있으면, 아무래도 코드 선을 뽑아 방으로 가져오는 게 번거로워 틀어주지 못한 적이 꽤 많았다. 아이가 언제나 들을 수 있도록 곳곳에 CD 플레이어를 놓아두니 어디에 있더라도 영어를 들을 수 있게 되었다.

2. 아이가 깨자마자 스스로 음원 켜는 루틴을 만들자.

우리 아이는 20개월 즈음부터 혼자서 CD 플레이어를 작동할 수 있었다. 아침에 깨자마자 아이에게 "Can you play the song?"(노래를 틀어줄 수 있겠니?)이라고 부탁한다. 그러면 CD 플레이어 작동하는 게 재미있는지 벌떡 일어나 고사리 같은 손으로 CD에 담긴 음원을 켜곤 한다. 아이에게 들려주고 싶은 음원이 있다면, 전날 밤에 아이가 잘 때 미리 새로운 CD를 넣어두자.

3. 아침, 점심, 저녁으로 나눠 세 가지 CD를 틀어주자.

초반 적응기에는 영어 노래 CD를 온종일 하나로만 쭉 틀어주었다. 하지만 생각보다 엄마가 더 금세 질릴지도 모른다. 아침, 점심, 저녁으로 나눠 세 가지 CD를 틀어주면, 노래가 바뀔 때마다 호기심이 생기고 흥미를 가진다. 나는 요즘 아침에 영어 노래 「Today is Monday」를 틀고, 점심에는 「What's the time, Mr. Wolf?」을 들려주고, 잠자기 전에는 「If You Take a Mouse to School」을 들려준다. 현실적으로 어렵다면 아침, 저녁으로 두 가지 CD만 틀어줘도 좋다.

4. 엄마 목소리를 녹음해 들려주자.

엄마 품 안에서 생생한 라이브로 듣는 엄마 목소리가 최고이지만, 육아하는 모든 순간 매번 들려주기에는 체력적, 현실적으로 어려움이 따른다. 아이가 좋아하는 책이나 영어 대본 등을 틈틈이 녹음해서 MP3나 CD, 혹은 간편하게 휴대폰에 담아두면, 우리 아이만을 위한 세상 하나뿐인 엄마 목소리 영어 음원이 된다. 목이 아프거나 체력이 달리거나 집안일을 해야 할 때, 아이 스스로 놀게 하고 엄마 목소리 영어 음원을 들어두자. 아이가 열심히 놀면서도 귀를 '쫑긋' 세우고 엄마 목소리를 경청할 것이다.

5. 영어 노래를 들으며 율동이나 동작을 곁들이자.

나는 아이와 식사하다가 놀이하다가 집안일 하다가 영어 노래가 나오면, 고개를 까딱까딱 아이와 눈 맞추고 리듬을 탄다. 흥이 나면 가볍게 몸을 흔들기도 하고, 정해진 율동이나 동작이 있다면 함께 따라해 보기도 한다. 몸으로 기억한 영어 표현은 훨씬 더 오랫동안 깊이 각인되는 효과가 있다.

매일 영어 음원 듣기의 작은 습관이 훗날 큰 변화를 낳는다. 가랑비에 옷 젖듯, 콩나물시루에 물 붓듯 이게 될까, 효과가 있을까 하지만 진짜 된다. 당장은 눈에 보이지 않을 수 있다. 하지만 꾸준히 듣기 습관을 실행하다 보면 엄마도 아이도 어느새 훌쩍 성장한 실력을 갖추게 될 것이다.

"일상을 바꾸기 전에는 삶을 변화시킬 수 없다. 성공의 비밀은 자신의 일상에 있다."

-존 C. 맥스웰

열린 책장 VS 닫힌 책장

"아주 사소한 차이로 우리집 책장도 아이에게 꾹 닫힌 책장이 될 수 있고, 활짝 열린 책장이 될 수도 있다. 책장을 아이 눈높이에 맞추고, 책장에 아주 작은 재미를 부여하는 것만으로 책에 대한 아이의 관심이 물꼬를 틀 수 있다."

우리집 영어책 환경의 장단점

◇◇◇◇◇◇

우리집 책장에는 영어책이 꽤 많은 편이다. 영어 공부방을 운영하며 자그마한 영어 도서관도 함께 운영한 덕분이다. 하지만 학생들의 손때 묻은 책이 대부분이라 새 영어책은 거의 없다. 사용감이 많은 오래된 원서들이 주를 이룬다. 낡고 색도 바랬지만 책장 깊숙이 숨어있는 보물 같은 영어책을 발견하는 기쁨을 나와 아이는 날마다 누리고 있다. 덕분에 아이는 다양한 영어책을 읽을 기회를 자연스럽게 얻는다. 대신 이미 많은 책을 갖추고 있기에 요즘 인기 있는 영어책을 새로 구입해 읽을 기회는 상대적으로 적을 수 있다.

이와 달리, 집에 영어책이 그다지 많지 않은 경우도 그만의 장점이 있다. 같은 책을 여러 번 읽어 눈과 귀에 완전히 익을 정도가 되면, 그 또한 영어책 읽기의 상당히 효과적인 방법이기 때문이다. 아이들은 반복을 거듭하며 그 표현들을 자신의 것으로 만든다. 작가가 책을 쓰며 전달하고자 했던 의도 역시 차츰 더 깊이 이해하게 된다. 더불어 이런 경우, 엄마가 영어책을 하나하나 선별해서 모으기 시작하는 재미가 있다. 앞으로 더욱 체계적으로 책을 컬렉션하고 큐레이팅할 수 있다.

그러니 책장에 새 영어책이 꼭 많다고도 좋은 게 아니고, 영어책이 적다고 해서 조급할 필요도 없다. 각각의 환경은 장단점이 있다. 중고책이라고 해도 새롭게 만나는 책은 우리 아이에게 새 책이 된다. 이런 마음으로 오늘도 책장에 꽂힌 영어책을 한 권씩, 한 권씩 아이와 만나게 하고 있다.

도서관 사서의 작은 아이디어

나는 책장 구성에 대한 힌트를 도서관에서 많이 얻고 있다. 아이와 손잡고 시립도서관의 어린이 자료실을 도장 깨기 하듯 한 군데씩 다니고 있다. 어느 날은 가까운 동네 도서관에 가고, 다음 날은 버스를 타고 옆 마을 도서관에 가고, 또 어떤 날은 친정에 가까운 도서관으로 향한다.

사실 처음엔 시립, 구립 도서관이 뭐 다 비슷하겠지 하는 마음이 있었다. 하지만 예상보다 훨씬 더 배울 게 많았다. 사서마다 책의 진열 방법이 달랐고, 각 도서관이 주력하는 분야에 따라 북 큐레이션도 천차만별이었다. 특히 인상적인 도서관이 있었는데, 책장 높이와 구성에 세심한 배려가 돋보였다. 아이 눈높이에 딱 맞는 키 작은 전면 책장과 더불어, 마음에 드는 책을 꺼내면 10분의 1 크기로 작은 표지가 붙어 있었다. 그 자리에 진열된 책 표지와 똑같은 이미지를 축소해 놓은 것이다. 별것 아닌 작은 아이디어가 아이의 호기심을 한껏 고취시켰다.

보통의 어린이 자료실에는 북 카트가 놓여 있고 '다 보신 책은 여기에 놓아주세요'라고 쓰여있다. 아이는 도서관에 갈 때마다 자기 눈높이에 있는 책들을 죄다 꺼내 이 북카트에 올려놓곤 했다. 사서에게 미안해질 정도로 양이 많을 때도 있었다. 엄마가 기껏 제자리에 꽂으면 또 꺼내서 북카트에 쌓아놓고, 꽂으면 꺼내고, 또 꽂으면 꺼내고를 반복했다. 이 과정을 계속하다가 나도 지치고, 아이도 징징거렸다.

그런데 이 도서관에서는 아이가 자신의 눈높이 있는 책을 꺼내 살펴보고는 제자리에 착착 가져다 놓는 게 아닌가. 그러고는 또 재밌는 책을 찾아 읽고 나서 제자리에 꽂아두었다. 어른이 보기에는 별것 아닌 것처럼 보이는 아주 작은 차이일 수 있는데, 아이가 매우 즐겁게, 더 오래 책을 탐색하고 읽을 수 있다는 사실이 놀라웠다. 책을 선택하고 제 자리에 놓는 이 과정을 아이가 즐거운 놀이로 인식하는 듯했다.

사소한 차이가 관심의 물꼬를 튼다

◇◇◇◇◇◇

거실에 있는 전면책장 두 개를 비롯해 우리집 곳곳은 책장으로 채워져 있다. 아이는 자신의 눈높이에서 책을 탐색하고, 자신의 손이 닿는 위치에서 책을 꺼내 살펴보고 읽는다. 그래서 책장의 맨 아래 두 칸까지만 늘 책이 꺼내져 있다. 그러니 책장을 구성할 때 너무 당연하게도 아이가 읽기 원하는 책은 아이 눈높이에 맞게 진열해야 한다.

어느 날 아이는 책장에 손 닿는 모든 책을 다 꺼내놓았다. 원래 꺼내고 꽂는 게 일상의 반복인 걸 알지만 보자마자 후후, 이걸 어떻게 다 치우나 한숨부터 나오는 건 어쩔 수 없다. 하지만 그렇게 놀다가 아이는 미처 보지 못했던 책을 발견하고는 가만히 살펴본다. 마음에 들었는지 내게로 가져와 읽어달라고 한다. 숨어 있던 책을 발견한 아이 나름의 기쁨이 느껴진다.

아이는 정말이지 놀이 천재다. 꺼내고 밟고 엎고 뒤지고 해체하며 새로운 것을 발견한다. 이 모든 과정은 아이의 눈높이에 책이 있어서 가능했다. 아이에게 책장은 항상 열려 있어야 한다. 책은 아주 만만해야 한다.

어느 날 주방에 수납장을 새로 들였다. 디자인이 예뻐서 들인 이 수납장은 바깥쪽 문에 책이 진열될 수 있게 만들어진 구조였다. 자연스럽게 책이 인테리어 역할을 하게 만든 것이다. 나는 별다른 의도 없이 아이 그림책 중에서 디자인이 예쁘고 주방 인테리어와 잘 어울리는 책들을 선별해 올려놓았다. 아이가 아직 읽기에는 글밥이 너무 많아서 정말이지 아이가 읽어주기를 바라지는 않았다. 단순히 인테리어용 책으로 진열한 것이다.

그런데 아이가 이 주방 수납장에 엄청난 관심을 가졌다. 거기에 진열된 책을 들춰보고 읽어보고 책을 꺼냈다 다시 제자리에 놓기를 반복하는 것이 아닌가. 전혀 읽어줄 생각이 없었던 책을 아이가 관심을 보이고 읽어달라고 하니 설거지하다 말고도 엄마 목소리로 읽어주게 되었다. 이렇게 의도치 않게 아이 눈높이에 있는 책들은 아이의 레이더망에 모두 잡히곤 한다.

책은 넘치게 많고 책장은 꽉꽉 차 있는데, 도통 아이가 관심을 갖지 않는다면 스스로 한번 물어보자.

"우리집 책장은 닫힌 책장일까? 열린 책장일까?"

아주 사소한 차이로 우리집 책장도 아이에게 꾹 닫힌 책장이 될 수 있고, 활짝 열린 책장이 될 수도 있다. 책장을 아이 눈높이에 맞추고, 책장에 아주 작은 재미를 부여하는 것만으로 책에 대한 아이의 관심이 물꼬를 틀 수 있다.

"닫혀 있기만 한 책은 블록일 뿐이다."

-토마스 풀러

균형 잡힌 식단을 위한
북 큐레이션

"건강하고 균형 잡힌 식단을 짜듯 독서 역시 편식하지 않도록 엄마가 북 큐레이터의 역할을 해야 한다. 최대한 다양한 분야를 접할 수 있게 엄마표 북 큐레이션을 시작해 보자."

편식 없는 독서를 위한 엄마의 역할

◇◇◇◇◇◇

"엄마가 관심 없는 분야는 아이도 관심을 가지지 않는 경우가 많아. 그걸 인식하고 아이가 다양한 분야의 책을 읽을 수 있도록 노력해야 해."

친언니에겐 글쓰기에 재능이 많은 딸이 있다. 어렸을 때부터 다양한 분야의 책을 읽을 수 있도록 세심하게 살핀 이유가 컸다고 생각한다. 조카는 돌 전부터 세 살 즈음까지 대략 300권이 넘는 창작동화를 읽었다. 좋아하는 책들은 종이가 해어질 정도로 반복해서 읽었고, 한자리에서 여러 권의 책을 쌓아가며 집중해서 읽었다. 창작동화로 시작한 독서는 점차 전래동화, 세계명작, 위인전, 자연관찰 등으로 분야를 넓혀나갔다.

다독과 정독이 습관이 된 조카는 초등학교 고학년 때 소설을 즐겨 쓰다가 시에서 주최한 글쓰기대회에서 대상을 탔다. '읽기'로 차곡차곡 쌓인 인풋이 '쓰기'라는 아웃풋으로 발현된 것이다. 언니는 아이에게 책을 읽으라고 강요하지 않았다. 주기적으로 다양한 분야의 책을 선별해 집에 들였을 뿐이었다. 새 책이 오면 의식처럼 치르는 행사가 있었는데, 책 표지가 보이게 바닥에 펼쳐놓고 아이와 함께 쭉 훑어보며 대화하는 것이다. 아이 손이 자주 가는 칸에 새로운 책을 꽂아두고, 충분히 다 읽은 책은 책장의 맨 위 칸으로 옮겨주는 것도 엄마의 역할이었다.

> "그런데 내가 놓친 영역이 있었어. 그게 바로 과학이
> 야. 내가 그다지 관심 없는 분야였거든. 관심이 덜하
> 니 책을 덜 사게 되고, 그 분야 책을 안 봐서 그런지
> 아이가 과학에 좀 약한 것 같아."

엄마가 관심 없는 분야의 책도 아이가 읽을 수 있게 의식적으로 노력해야 한다는 게 언니의 조언이다. 건강하고 균형 잡힌 식단을 짜듯 독서 역시 편식하지 않도록 엄마가 북 큐레이터의 역할을 해야 한다는 것이다.

내 아이를 위한 엄마표 북 큐레이션

◇◇◇◇◇

요즘 도서관에 가보면 북 큐레이션 코너가 있는데 참 신선하다. 큐레이션 하는 주제에 맞게 여러 소품으로 테이블을 세팅해서 책을 더욱 돋보이게 한다. 지금 내가 글을 쓰고 있는 도서관의 북 큐레이션 주제는 '캠핑'이다. 자그마한 캠핑 램프와 미니 텐

트, 커다란 솔방울이 예쁘게 전시돼 있어 지나다닐 때마다 눈길이 간다. 캠핑의 기본기, 캠핑 장소, 캠핑 요리에 관한 책부터 캠핑 에세이까지 함께 놓여 있다.

엄마가 아이를 위한 '북 큐레이터'가 되어주면, 아이는 끊임없이 책에 호기심을 가지게 될 것 같다. 큐레이터는 원래 미술관이나 박물관에서 자료를 전시·기획하고 관리하는 등의 종합적인 업무를 담당하는 사람이다. 북 큐레이터는 특정 주제에 맞게 책을 선별한 뒤 독자에게 제안하는 사람이라고 생각하면 된다. 책장을 편집하는 일이기도 해서 '책장 편집자'라고 부르기도 한다. 그렇다면 엄마표 북 큐레이션은 어떤 순서와 방법으로 하면 될까?

STEP 1. 아이가 좋아하는 주제를 정한다.

자연, 자동차, 음식, 요리, 동물, 공룡 등 아이가 흥미를 가질 만한 주제를 선별한다. 어떤 것도 좋다. 아이가 좋아하는 모든 소재가 큐레이션의 테마이다.

STEP 2. 해당 주제에 관련한 책을 모아본다.

본문 내용이나 제목을 살피며 관련 있는 책을 꺼내 살펴본다. 만약 주제에 부합하는 책이 없다면, 도서관에서 빌려도 되고 이

번 기회에 중고나 새 책을 들여도 좋겠다. 주제에 맞는 책을 찾아가며 자연스럽게 책을 분류하는 법도 익히게 된다. 한글책으로 시작하더라도 서서히 영어책의 비율을 늘려보자.

STEP 3. 주제에 맞는 소품과 책을 함께 전시한다.

'자연'이 주제라면 아이와 공원에서 주워온 솔방울과 나뭇가지, 나뭇잎, 도토리가 소품이 된다. '자동차'가 주제라면 아이의 실내 자동차와 미니카들을 책과 함께 놓아보자. 한번은 자동차를 좋아하는 아이를 위해 자동차 관련 영어책들을 병풍처럼 두르고, 그 가운데 아이의 실내용 자동차를 존재감 있게 세워 큐레이션했다. 주변에 미니카도 늘어놓으니 자동차 전시관이 따로 없다. 아이가 너무 좋아했다.

STEP 4. 아이 스스로 만져보고 관찰할 시간을 주자.

아이가 전시한 책들에 호기심을 가지고, 이것저것 다 만져보게 두자. 이때는 엄마의 개입을 최소화하자. 전시한 소품과 책들이 흐트러져도 괜찮다. 책과 소품을 스스로 탐색하며 놀 수 있게 시간과 공간을 충분히 제공하자.

STEP 5. 아이가 고른 책을 엄마 목소리로 읽어준다.

한동안 혼자 이것저것 탐색하던 아이가 책을 가지고 엄마에게 달려오면, 원 없이 읽어주는 시간을 갖자. 이때도 차츰 영어책의 비율을 늘릴 수 있게 도와주고 유도해 보자. 책을 읽어준 후에는 아이와 함께 소품을 가지고 영어로 말하며 놀아보자. 아이가 책 읽는 것보다 소품을 먼저 갖고 놀고 싶어 하면, 물론 그렇게 해도 된다. 하지만 어떤 순서가 먼저이든 영어책 읽어주는 시간은 꼭 갖는 게 좋겠다.

아이의 관심사와 영어책을 연결해주는 과정 속에서 아이의 호기심은 피어나고, 영어가 자연스럽게 스며들 것이다. 최대한 다양한 분야를 접할 수 있게 위 순서대로 북 큐레이션을 시도하다 보면 엄마는 아이에게 명실상부한 최고의 북 큐레이터가 되어 있을 것이다.

엄마가 먼저
소리 내어 읽기의 힘

"아이 수준보다 한 단계 먼저 영어 원서를 엄마가 읽는 것은 여러 면에서 장점이 있다. 아이는 '엄마 목소리 영어'를 배경 음악처럼 들으며 엄마와 함께 있는 공간에서 흘려 듣기를 연습한다. 그러다 어느 순간 엄마가 읽는 책에도 관심을 가진다."

읽기 습관은 대물림된다

<><><><><>

"네 아이는 책을 좋아해서 좋겠다."

어느 날 친구가 나를 부러워하며 말했다. 자신의 아이들은 도통 책을 좋아하지 않는다며 말이다. 다른 비교 대상이 없어 우리 아이가 또래에 비해 책을 좋아하는 편이라고 단정할 수는 없지만, 하루 중에 책을 탐색하거나 함께 읽는 시간이 꽤 긴 것은 맞다.

사실 아이가 책을 읽게 하고 싶으면, 먼저 엄마가 읽으면 된다. 나는 집에서 육아하면서도 틈틈이 책을 읽는다. 집안 곳곳 눈에 보이고 손이 닿는 장소에 시집, 잡지, 소설, 수필, 육아서를 비롯해 아이를 위한 영어 그림책, 영어 동요 가사 등을 놓아두고 수시로 펼친다. 물론 아이를 위해 미리 책을 읽고 내용을 파악해 두기도 하지만, 솔직히 내가 살기 위해 읽는다. 멍때리는 무료한 시간에 한 단어만 읽어도 숨통이 좀 트이고 살 것 같다. 매일 반복되는 일상, 몸도 마음도 아이에게 매여 수시로 좌절되는 내 욕구를 활자로 채워나가려는 것이다.

물론 방해받지 않는 온전한 독서 시간을 확보하기란 현실적으로 불가능하다. 내가 책만 펼치면 아이는 내 책을 확 낚아채

버린다. 아직은 엄마가 온종일 자신에게 집중하길 바라고, 놀아 주길 바란다. 책을 뺏어 책장을 넘기다가 휙 던져 버리거나 한쪽으로 가져가 낙서를 하기도 한다. 엄마가 보는 책에 대한 아이 나름의 관심이라고 생각한다. 엄마가 하는 것은 뭐든 좋아 보이는 건지, 책 읽는 자세까지 똑같이 따라 한다. 내가 스탠드 조명을 켜놓고 엎드려 책을 읽으니 아이도 옆에 똑같이 엎드려 책을 읽는다. 내가 식탁에 앉아 책을 볼 때면 아이도 의자를 끌어당겨 앉은 후 바로 옆에서 책을 본다. 내 모습 하나하나를 복제하듯 그대로 따라 한다는 게 한편으론 무거운 책임감이 들지만, 어쩌면 '독서 환경을 만드는 가장 쉬운 길이 아닐까?' 하는 생각이 든다. 엄마가 먼저 책을 좋아하면, 아이는 자연스럽게 좋아하게 된다.

> "저는 아이들을 위해서 그다지 한 일은 없어요. 아이들에게 책 읽어주는 모습을 보여주니까 아이들이 따라 읽기 시작했죠."

'천재 남매'로 알려진 쇼 야노와 사유리 야노의 아버지의 말이다. 사유리 야노는 불과 열 살에 대학에 입학해 생물학을 전공했다. 1년 동안 집중적으로 공부해서 대학 졸업 후 열네 살에 미국 3대 음악원으로 꼽히는 피바디 음악원Peabody Institute에서 바이올린을 전공했다. 또 다른 천재 오빠 쇼 야노는 무려 아홉 살에 대학에 입학해서 열두 살에 조기 졸업했다. 그해 시카고 의대에 입학해 스무 살에 의대 졸업반이 됐다. KBS 다큐멘터리 「나는 한 권의 책으로부터 왔다」에 공개된 이야기다.

영어책을 소리 내어 읽는 이유

◇◇◇◇◇◇

나는 아이 앞에서 의도적으로 아이 수준보다 어려운 영어책을 읽는다. 영어 원서는 보통 '픽처북 → 리더스북 → 챕터북 → 노블'의 순서로 읽게 되는데, 픽처북을 충분히 읽은 아이가 리더스북으로 매끄럽게 넘어가도록 유도하기 위해서다. ORTOxford Reading Tree 시리즈 중에서 다음 단계의 책들을 골라 소리 내어 읽고 있다.

아이 수준보다 한 단계 먼저 영어 원서를 엄마가 읽는 것은 여러 면에서 장점이 있다. 열심히 놀이에 몰두한 아이는 '엄마 목소리 영어'를 배경 음악처럼 흘려 듣는다. 엄마와 함께 있는 세상 가장 따뜻한 공간에서 흘려 듣기를 연습하는 것이다. 어느 정도 듣다가 어느 순간 아이는 엄마가 읽는 책에 관심을 가진다. '대체 뭐가 그렇게 재밌기에 엄마가 이렇게 집중할까?' 다가와서 요리조리 살펴보고 엄마 품을 파고든다.

아이는 두 돌이 지난 시점부터 엄마가 읽는 영어책을 자신에게 읽어달라고 졸랐다. 아직 리더스북이나 문고판 챕터북은 어려워서 금방 집중력이 동나버릴 텐데… 우려는 됐지만 읽어달라면 읽어줬다. 그렇게 꾸준히 함께 읽는 시간을 가졌던 덕분일까. 만 4세가 된 지금은 집에 있는 ORT 시리즈 1~5단계를 비롯해 12단계까지도 흥미가 있다. ORT 책들을 날마다 바닥에 펼쳐놓고 밟고 다니며 맘에 드는 책을 선별한다. 1단계도 보았다가 5단계도 보았다가 12단계도 본다. 단계에 국한되지 않고 자유롭게 그림이라는 텍스트에 집중하며 서서히 영어와 책에 익숙해지고 있다.

이렇게 엄마가 미리 반 발짝만 앞서나가 연습해 두면, 아이가 다음 단계의 수준이 됐을 때 당황하지 않고 매끄럽게 읽어줄 자신감이 생긴다. 아이에게 실감 나고 재밌게 읽어주기 위해서는 먼저 내 것으로 소화하는 과정이 필요하다. 엄마의 읽기 스킬 향상은 물론이고, 아이의 영어 실력까지도 탄탄하게 쌓는 훌륭한 방법이다.

"책은 권장하는 게 아니에요. 아무리 부모가 독재적이

라고 해도 '너 누구하고 놀아. 우등생이랑 사귀어야 해.' 이렇게 하지는 않죠. 친구는 자기가 사귀는 거예요. 그렇기 때문에 책은 부딪히는 거지 선택하는 것이 아니에요. 부딪히고 부딪히면서 자기가 골라 가는 것이죠."

우리 시대 지성으로 불리는 국문학자이자 언론인, 소설가이자 교육자, 문학평론가이기도 했던 이어령 선생의 말씀이나.[1] 궁극적으로 아이가 스스로 부딪혀가며 좋은 책, 자신에게 흥미롭고 재밌는 책을 고르게 하기 위해 엄마는 환경을 만들어줄 뿐이다. 강요하지 않고, 권장하지도 않는다. 다만 영어책을 소리 내어 읽으면서 아이가 부딪혀볼 선택지를 다양하게 마련해놓을 뿐이다.

"다른 사람에게 어떤 일을 시키려면 딱 한 가지 방법밖에 없다. 상대방이 그 일을 하고 싶게 만드는 것이다."

-데일 카네기

파닉스 완성에
효과적인 글자 놀이

"파닉스 떼기 학습이 그 자체로 목적이 되어버리면 안 된다고
생각한다. 특히 취학 전 아이에게 강요된 학습으로 접근했을 때
시간도 오래 걸리고 효율도 떨어진다. 0~7세는 파닉스 '교육'에
집중할 것이 아니라, '놀이'를 통해 파닉스의 밑재료들을 많이
채워둘 시기이다."

읽을 줄 안다고 이해하는 것은 아니다

◇◇◇◇◇◇

"선생님, 우리 아이 파닉스 좀 떼주세요!"

언젠가부터 '파닉스 떼기'가 엄마들의 큰 숙제가 되어버렸다. 사실 나는 이른 시기에 파닉스 떼기 교육이 효과적이라고 생각하진 않는다. 본격적인 파닉스 교육은 초등 저학년이 적당하다고 생각한다. 학령기에 파닉스를 시작하면 딘기긴에 훨씬 수월하게 뗄 수 있기 때문이다. 이는 초등 파닉스반을 오랫동안 담당하며 가르쳐본 후 내린 결론이다.

파닉스는 알파벳이라는 글자와 알파벳이 내는 소리를 연결하여 배우는 영어 학습법이다. 예를 들어 'A'라는 알파벳을 우리는 '에이'라고 부르고, A가 단독 모음으로 홀로 사용될 때 'apple'을 '애플'이라고 발음하는 것을 배우는 것이다. 알파벳 소리를 비롯해 장모음, 이중모음 등 문자에 다양하게 결합된 소리를 교육해서 모르는 단어나 문장이 있을 때도 '읽을 줄 알게' 만드는 교육법이다.

하지만 파닉스 떼기 학습이 그 자체로 목적이 되어버리면 안된다고 생각한다. 특히 취학 전 아이에게 강요된 학습으로 접근했을 때 시간도 오래 걸리고, 효율도 떨어진다. 설령 영어 유치원이나 학원에서 파닉스를 교육받은 아이가 영어 문자의 발음을 줄줄 읽는다고 해도, 그 의미나 맥락을 전혀 이해하지 못하는 경우가 있다. 읽을 줄 안다고 해서 뜻을 이해하거나 재미를 느끼는 것은 아니기 때문이다. 따라서 옆집 아이가 파닉스를 뗐다고 엄마들이 조급할 필요가 전혀 없다.

0~7세는 파닉스 교육에 집중할 것이 아니라, 놀이를 통해 파닉스의 밑재료들을 많이 채워둘 시기이다. 많이 접한 문자의 소리는 향후 파닉스 학습을 했을 때 효율을 비약적으로 높인다. 다시 한번 강조하지만 '글자 학습'이 아니라, '글자 놀이'여야 한다. 오랫동안 파닉스반을 이끌며 가장 효과적이었던 놀이를 뽑아 정리했다. 아이들의 호기심을 놓치지 않고 영어로 연결해 놀아주다 보면 자연스럽게 음가를 익히고, 파닉스도 훨씬 쉽게 뗄 수 있다.

파닉스 떼는 글자 놀이

◇◇◇◇◇◇

1. 알파벳 자석 찾기 놀이

알파벳 자석을 보드 혹은 냉장고에 붙였다 떼며 놀아보자. 'A'는 '에이', 'B'는 '비', 'C'는 '씨' 하나씩 자연스럽게 발음하며 알려준다. 바구니나 정리함에 알파벳 자석을 정리할 때 이렇게 물어보자.

"Where is K?"

(K 어디 있지?)

알파벳 찾기 놀이를 하면, 아이가 알고 있는 글자와 모르는 글자를 확실히 구별할 수 있다. 모르는 글자를 더 자주 발음해 주고, 아이가 찾게 하면 알파벳 소리를 모두 익히게 된다.

2. 알파벳 그림 그리기

"Let's draw the alphabet!"

(알파벳을 그리자!)

스케치북을 펴고 이렇게 말하자. 알파벳을 하루 한 글자씩 크게 여러 번 써보자. 'A'와 닮은 사물, 'C'와 닮은 동물을 찾아 그림으로 그려보면 아이의 흥미를 끌기에 더 좋다. 영어 줄노트는 초등 입학 후에 쓰기 시작하고, 이 시기에는 스케치북이나 무지 노트에 알파벳을 쓰는 게 아니라 '그려보자'!

3. 영단어 따라 쓰기

종이보다는 화이트보드를 준비하는 게 좋다. 썼다 지우기도 편하고, 부드럽게 써지니까 아이가 재밌어한다. 아주 쉬운 단어부터 엄마가 보드에 쓰면, 아이가 자연스럽게 따라 쓴다. 예를 들어 'cat'을 쓰면서 알파벳 하나씩 짚어가며 / 크!에!트! / 하고 음가 하나하나를 정확히 발음해 보자. 한꺼번에 '캣ㅌ'라고도 읽는다. 물론 처음에는 비슷하게 쓰려다가 틀리기도 하고, 반대로 뒤집은 글자를 써놓기도 한다. 지우고 다시 쓰면 되니까 부담이 없다.

4. 알파벳 소리 놀이

A부터 Z까지 하루에 하나씩 각 알파벳이 어떤 소리가 나는지 알려주자. 하루에 여러 개는 금물! 반복하다 보면 어느 날 아이가 대답하는 순간이 온다.

"What does the letter K make sound?"

(K는 무슨 소리가 날까?)

"k, k, k…"

(크크크…)

드디어 '그날'이 오면 난이도를 높여보자. 물론 처음에는 엄마가 묻고 답하기의 연속이다. 놀랍게도 이 물음에도 아이가 답하는 날이 온다.

"Let's say the words with the letter K."

(K로 시작하는 단어를 말해보자.)

"They are koala, kite, kiss, and key."

(코알라, 카이트, 키스, 키가 있지.)

4장

'영어 성장판' 자극하는 오감 영어 프로젝트

시각을 자극하는
영어 말놀이

"디지털 기기 외에도 시각을 자극하는 아날로그 매체가 얼마든지 있다. 이로운 시각 매체를 활용해 아이가 영어를 친근하고 재밌게 느낄 수 있도록 도와주자."

0~7세 아이는 엄마가 주는 풍부한 자극을 통해 신체의 모든 기관이 발달하고, 수많은 경험이 뇌에 저장된다. 좋은 자극과 다양한 경험을 통해 아이는 감정이 풍부하고, 사고력이 높은 아이로 성장할 수 있다.

아이들은 오감 중에서도 특히 시각적 자극에 민감하다. 시각에 자극을 주는 스마트폰과 TV 등의 디지털 기기가 넘쳐나는 시대이지만, 영상 매체는 아이들이 스스로 사고하고 해석할 기회를 빼앗는다. 전문가들은 아이가 적어도 24개월이 될 때까지는 영상 노출을 최대한 자제하라고 권한다.

하지만 디지털 기기 외에도 시각을 자극하는 아날로그 매체가 얼마든지 있다. 아이가 영어를 친근하고 재밌게 느낄 수 있도록 시각 매체를 잘 활용하자.

시각 자극에 좋은 영어 놀이

◇◇◇◇◇

1. 마트 전단지 활용하기

우리 아이는 마트 전단지를 유독 좋아한다. 평소 좋아하는 음식들이 모두 모여있기 때문이다. 과일, 채소, 고기, 과자 등 일상에서 자주 먹는 음식의 이미지가 선명하게 인쇄돼 있어 한눈에 보기 좋다. 우리 아이는 모든 음식을 하나하나 손가락으로 다 짚어가며 이름을 묻는다. 마트 전단지는 'What's this?'를 무한 반복할 수 있는 훌륭한 매체다.

STEP 1. 아이가 그림을 짚으면, 엄마가 아이 눈을 보며 영어 질문을 대신 말해준다.

What's this? 이건 뭐야?

STEP 2. 잠시 후에 엄마가 그 그림을 짚으며 영어 이름을 얘기해준다.

It's a banana. 바나나야.

처음엔 엄마 혼자 묻고 답하기의 연속이다. 그러다 단어의 첫소리를 아이가 비슷하게 내기 시작한다. 이미 절반은 성공이다. 같은 패턴의 질문과 대답을 여러 번 반복하자.

2. 칼비테의 컬러게임

발달장애 아들을 19세기 독일의 천재로 키운 칼비테 목사가 관찰력을 길러주기 위해 했던 놀이다. 엄마가 종이 앞면에 여러 색깔의 색연필로 각각 다른 길이의 선을 그린다. 아이는 종이를 뒤집어 앞면과 똑같은 색, 똑같은 길이로 그려야 한다. 이 놀이는 다른 모양과 색깔의 속성을 식별하는 데 큰 효과가 있다고 한다. 이 모든 것이 관찰력의 바탕이 되기 때문이다.

영어 말놀이는 한 단어부터 시작할 수 있다. "Line(선)"이라고 해보자. 그다음 동사를 덧붙여 "Draw a line(선을 그려렴)"이라고 말해보자. 마지막으로 주어를 넣어서 "I'll draw a line(내가 선을 그릴게)"이라고 말하자. 한 단어에서 문장으로 말하는 게 입에 잘 붙었다면, 통문장으로 다음의 표현을 익혀보자. 그림 그리기 놀이를 할 때마다 활용해 볼 문장들이다.

Let's draw a line. 선을 그려보자.

Mommy will draw a line first. 엄마가 먼저 그려볼게.

What color is it? 무슨 색일까?

What's the same color? 같은 색을 골라볼까?.

Turn it over. 뒤집어 보자.

Draw it like mommy. 엄마랑 똑같은 선을 그려봐.

3. 그림 이어 그리기

그림책 작가 앤서니 브라운의 전시회에서 아이들이 참여할 수 있는 '그림 이어 그리기shape game' 코너를 마련했던 것이 인

상깊었다. 한 사람이 어떤 모양을 그리면, 그다음 사람이 거기에 이어서 그리고 싶은 모양을 그리는 게임이다. 계속 그림을 이어 그리며 하나의 작품이 완성된다.

아무것도 없는 종이에 '점'이 생기고 '선'이 생기며 '면'이 되는 과정은 아이에게 좋은 시각적 자극이 된다. 계속해서 달라지는 형태를 보며 마침내 그림이 완성됐을 때 아이는 상상력과 창의력을 체험하게 된다. 게임을 하며 이렇게 말해보자.

Let's play shape game! 그림 이어 그리기를 하자!

Draw a picture. 그림을 그려봐.

I'm drawing a circle. 난 동그라미를 그리지.

Now it's your turn! 이제 네 차례야!

4. 좋은 그림책 읽기

좋은 그림책이란 무엇일까. 그림에서 한 가지 내용밖에 이야기할 수 없는 책보다는 함께 읽어나가며 이야기할 게 많은 책이 좋은 책이라고 생각한다. 어느 독자층이 읽어도 다양한 해석이 가능한 이야기책이면 더 훌륭하다. 그림책 작가들도 하나같이 '이야기를 더 풍성하게 이끌어 갈 수 있는 그림책'이 좋다고

말한다.

모리스 샌닥Maurice Sendak의『괴물
들이 사는 나라Where the wild things are』
는 책 표지부터 그 존재감이 상당
하다. 유럽의 유명한 그림책 작가
들이 '작가가 되는 데 큰 영향을 미친 그림책'으로 손꼽는 작품
이기도 하다. 이 그림책을 통해 어린 시절의 작가들은 신비로움
을 느끼고 호기심을 가졌다. 또한 그들이 상상하고 창조하는 그
림책 작가가 되게끔 만들었다. 이런 훌륭한 그림책을 선별해 아
이와 함께 읽으며, 질문을 던져보자.

What do you think? 네 생각은 어때? 너는 어떻게 생각하니?

그림책 작가 이수지와 서울대 아동가족학과 최나야 교수는
아이에게 이 같은 질문을 하며 책을 읽어주라고 권한다. 이수지
작가는 이 질문이 '놀이의 문'을 여는 것이라 했고, 최 교수는
엄마와 아이의 대화 소재가 된다고 했다.

5. 장난감 찾아오기

집에 있는 장난감 중 하나를 골라서 영어로 색깔과 이름을
말해주고, 아이가 그것을 찾아서 가져오게 한다. 처음에 색깔을

184

말해주고, 그다음에 사물의 명칭을 말해준다. 마지막으로 두 단어를 합쳐서 위치를 물어본다. 아이가 그걸 찾아오면 "Here it is"라고 말해준다. 아직 아이가 색깔을 구분하지 못한다면, 같은 색의 물건 여러 개를 손가락으로 알려주며 색을 인지할 수 있게 하자.

It' green. 초록색이야.

It's a dinosaur. 공룡이란다.

Where is the green dinosaur? 초록색 공룡은 어디에 있을까?

Here it is. 여기 있지요.

6. 신호등 보며 말하기

집 밖을 나가도 시각을 자극하는 매체는 무궁무진하다. 교통 신호등을 보면서 빨간색, 초록색이 의미하는 바를 알려주고, 아이에게 시각 정보를 정확히 전달하자. 엄마가 말하고 아이와 함께 곧바로 행동으로 옮길 수 있어 효과적이다.

Look at the traffic light. 신호등을 보렴.

What does red / green mean? 빨간색 / 초록색은 무얼 의미할까?

Red means 'Stop'. 빨간색은 멈춰야 해.

Green means 'Go'. 초록색은 가도 된다는 뜻이야.

Let's cross the crosswalk. 횡단보도를 건너자.

When the light goes green, you can cross the crosswalk.
초록불로 바뀌면 횡단보도를 건너렴.

청각을 자극하는
영어 노래·낭독하기

"영어 문장에도 운율이 있고, 라임이 있다. 리듬이 있고, 온도가 있다. 아이랑 읽었던 책 중에 유난히 엄마 입에 착착 감겨 마치 노래를 불러주는 것처럼 리듬을 타게 되는 책들이 있다. 율동감 있는 영어는 아이의 호기심을 자극하고, 집중력을 높여준다."

모든 경험 속에서 아이는 배운다. 그리고 자신의 것으로 만든다. 엄마가 불러줬던 영어 노래가 어디에선가 들려오면 아이는 갑자기 눈이 커진다. 노래에 맞춰 엄마가 했던 율동을 그대로 따라 한다. 음악을 싫어하는 아이는 없다. 노랫말을 좋아하고, 몸으로 리듬을 타며 흥겨워한다.

아기와 말할 때 엄마는 목소리 톤이 높아진다. 어른과의 대화에서는 잘 사용하지 않는 부드럽고 높은 톤의 목소리를 낸다. 이 독특한 목소리는 아이의 뇌에 섬세하게 처리되며 아이의 청각이 강화된다. 재키 실버그Jackie Silberg는 『뇌발달 놀이 125가지』에서 이렇게 말한다.[1]

> "과장된 말은 영아의 감정적 표현을 발달시킵니다. 이는 기억을 관장하는 화학 성분을 분비하여 뇌 발달을 촉진합니다."

아이의 '귀 높이'에 맞게 말해주고 반응해 주고 노래해 주자. 아이가 가장 좋아하는 엄마 목소리로 영어책을 낭독하고, 신나게 영어 동요를 부르자.

청각 자극에 좋은 노래·게임

◇◇◇◇◇◇

아이에게 영어 노래를 불러주면서 함께 율동하고 스킨십하면, 청각뿐만 아니라 시각과 촉각도 자극된다. 영어 단어와 문장이 훨씬 더 쉽고 즐겁게 각인된다.

Eensy Weensy Spider : 거미가 줄을 타고 올라갑니다 ♪

엄마가 엄지와 검지로 아이의 몸에 데고 거미가 기어가듯이 움직이며 'Eensy Weensy Spider'를 부른다. 아이가 가려워서 깔깔거리면 'Ticklish!(간지러워)'라고 말해준다.

Finger Family Song : 손가락송 ♪

각각의 손가락에 가족 명칭을 붙이며 손 놀이하며 노래 부른다. 아빠는 엄지, 엄마는 검지, 아기는 새끼손가락이다. 'Mommy finger, mommy finger, where are you? Here I am, here I am, how do you do?' 이렇게 부르고 나서 'Mommy' 대신에 아기 이름을 넣어 불러보자.

nose nose nose eye! 코코코코 눈! ♪

아이의 코에 손가락을 대고 '코코코코 눈!' 놀이를 한다. 코에서 시작해서 눈, 귀, 입, 머리, 어깨, 무릎 등 모든 신체를 다 바꿔 부르며 신체 이름을 전부 익힐 수 있다.

소리 맞추기 게임

속이 보이지 않는 통에 다양한 내용물을 넣고 흔들어 소리를 들려주고, 아이가 맞히게 한다. 쌀, 클립, 단추, 동전 등을 각각 통에 넣어서 아이에게 들려주자.

> Rattle, rattle! 달그락 달그락!
>
> What sound is it? 무슨 소리지?
>
> It sounds like a coin. 동전 소리네.

낭독하기 좋은 리듬감 있는 영어책

◇◇◇◇◇◇

영어 문장에도 운율이 있고, 라임이 있다. 리듬이 있고, 온도가 있다. 아이랑 읽었던 책 중에 유난히 엄마 입에 착착 감겨 마치 노래를 불러주는 것처럼 리듬을 타게 되는 책들이 있다. 바로 다음의 책들이다.

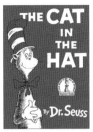
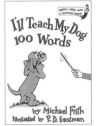

❶『The Cat in the Hat』Dr. Seuss
❷『I'll Teach My Dog 100 Words』Michael Frith
❸『Ten Little Ladybirds』Melanie Gerth

　특히 닥터 수스Dr. Seuss의 『The Cat in the Hat』 책은 'at'이 반복되며 단어가 끝나는 게 특징이다. 음계가 없이도 아이에게 노래를 불러주는 듯한 느낌이다. 율동감 있는 영어는 아이의 호기심을 자극하고, 집중력을 높여준다. 엄마 목소리로 부르고, 낭독하고, 아이와 함께 즐겨보자. 다양한 청각 자극으로 신나고 즐겁게 영어 듣기의 물꼬를 트자.

❶ 『I am the Music Man』
❷ 『Five Little Ducks』
❸ 『A Dog says Woof』
❹ 『The Wheels on the Bus』
❺ 『Here We Go Round the Mulberry Bush』
❻ 『What's the time, Mr. Wolf?』
❼ 『Ten Little Monkeys Jumping on the Bed』
❽ 『We're Going on a Bear Hunt』

노부영 시리즈는 영유아 영어책의 베스트셀러다. 간혹 "노부영은 다들 좋아한다는데 우리 아이는 별 반응이 없어요" 하고 말하는 엄마들이 있다. 별 반응이 없는 것 같아도 계속 들려주다 보면 익숙해지고, 그러다 어느새 좋아하게 된다. 꼭 시리즈로 구매하지 않아도 된다. 차근차근 한 권씩 들여서 무한 반복해 들려주자.

미각을 자극하는
요리 놀이

"아이가 난생처음 바닐라 아이스크림을 먹었을 때, 동공이 커지 며 기분 좋게 퍼지던 미소를 잊을 수 없다. 단맛, 신맛, 쓴맛, 매 운맛, 짠맛, 떫은맛… 이 세상의 모든 맛을 영어로 잘 표현할 수 있도록 도와주자."

자주 쓰는 맛 표현

◇◇◇◇◇◇

아이들은 맛에 대해 정확한 표현이나 묘사를 하기 어려울 수 있다. 입안에서 느껴지는 맛에 이름표를 붙여주자. 다양한 맛 표현과 더불어, 음식을 먹을 때 자주 쓰는 영어 표현이다.

It tastes sweet. 달다.

sour. 시다.

spicy. 맵다.

plain. 담백하다.

salty. 짜다.

bitter. 쓰다.

Have a bite! 한 입 먹자!

Try it. 한 번 먹어봐.

How does it taste? 맛이 어때?

It's yummy. = It's tasty. = It's delicious. 맛있다.

미각 자극 영어 놀이

◇◇◇◇◇◇

음식 카드 놀이

여러 음식이 그려진 카드를 가지고 아이와 함께 음식 이름과 맛 표현을 익혀보자. 아이는 음식을 먹었던 경험을 통해 맛을 기억해 낼 것이다. 음식 카드는 꼭 구매하지 않아도 아이와 함께 종이에 그림을 그리고 가위로 잘라서 만들 수 있다.

STEP 1. 음식 카드를 하나씩 보여주며 영어로 말한다.

Let's play a 'Food card game'! '음식 카드 게임'을 해보자!

Do you know what it is? 이게 뭔지 알겠니?

It's an apple. 이건 사과야.

It's a pear. 이건 배야.

It's a banana. 이건 바나나야.

STEP 2. 바닥에 음식 카드를 펼쳐 놓는다.

Mommy's going to put the cards on the floor.

엄마가 바닥에 카드 펼쳐 놓을게.

STEP 3. 아이에게 특정 음식의 카드를 가져오게 한다.

Can you bring me an apple? 사과 가져올래?

Great job! Well done! 정말 잘했다! 아주 잘했어!

No, that's not an apple. 그건 사과가 아니야.

It's a pear. 그건 배야.

STEP 4. 이 음식이 어떤 맛인지 알려준다.

What does an apple taste like? 사과는 어떤 맛이 날까?

It tastes sweet. 달콤한 맛이 나요.

아이와 다양한 음식을 맛보며 새로운 미각 표현을 말해보자. 매일 똑같은 표현만 쓰지 말고, 날마다 조금씩 단어를 바꿔보자. 맛을 즐기고 표현이 풍부한 아이로 자라게 될 것이다.

올봄에 친구가 딸기청을 직접 만들어 선물로 주었다. 딸기청 작은 세 숟갈에 우유를 100ml 넣으니 맛있는 딸기 라테가 되었다. 아이랑 수저로 살살 저어 꿀꺽꿀꺽 마셨다. 한 모금 마시고 서로를 바라보며 웃고, 또 한 모금 마시며 웃었다. 아이의 반짝이는 이 시절을 엄마와 함께 행복하고 달콤한 맛의 추억으로 채워주자.

요리 영어 놀이

아이와 함께 직접 요리해 보는 것도 좋겠다. 재료를 씻고, 다듬고, 섞어보자. 모양을 관찰하고, 만져보고, 냄새도 맡아볼 수 있다. 요리하는 과정은 미각뿐만 아니라 시각과 촉각도 자극되는 과정이다.

How to make tomato onion salad:
토마토 양파 샐러드 만들기

준비물

빵칼, 도마, 방울토마토, 양파, 발사믹 소스, 큰 보울

Mommy takes out cherry tomatoes and an onion from the refrigerator.
엄마가 냉장고에서 토마토랑 양파 꺼낼게.

First, let's peel an onion. 양파 껍질을 까보자.

Then wash the cherry tomatoes and the onion.
방울 토마토랑 양파를 물로 씻자.

Take a look! What shape is it? 봐봐! 무슨 모양이야?

It's round. It's a circle. It's an oval. 이건 동그라미네. 이건 타원형이네.

What color are they? 무슨 색깔이야?

They are red and white. 빨간색과 흰색이지.

Touch them. How do they feel? 이제 만져봐. 느낌이 어때?

They feel smooth and slippery. 부드럽고, 미끈거리지.

Now chop the tomatoes and onion. 이제 토마토와 양파를 썰자.

Taste it. Give it a try. 맛보렴. 한번 먹어봐.

How is it? 어때?

It's pungent. It's sweet and a little sour.
톡 쏘지. 이건 좀 달면서 시고.

Put all of them in the bowl. 이걸 볼에 넣자.

Pour some balsamic sauce. 발사믹 소스도 부어야지.

How does this smell? 냄새가 어때?

It smells sour. 시큼한 냄새가 나.

It's done! Yeah! 다 했다! 오예!

후각을 자극하는
향기 놀이

"냄새를 맡지 못하면 맛도 잘 느낄 수 없다. 후각과 미각은 친구이기 때문이다. 그래서 후각에 관련된 영단어를 살펴보면, 미각과 겹치는 경우도 꽤 많다. 냄새를 맡으며 대상의 맛과 모양 등을 상상하는 일은 아이의 뇌를 자극하고, 추억을 소환하기도 한다."

어렸을 적 우리 집 마당에는 라일락 나무 한 그루가 있었다. 봄이 되면 안방 창문으로 들어오는 그 진한 보랏빛 향기가 아직도 생생하다. 어린 시절의 포근하고 충만한 느낌은 아직까지도 향기로 추억된다.

요즘 우리 아이는 할머니 집에 있는 '율마'라는 식물을 좋아한다. 이 식물의 향기를 몇 번 맡게 해줬더니 강한 자극이었는지 자꾸만 손으로 만지고 향기를 다시 맡아본다. 풍성하고 촘촘히 길게 뻗은 잎을 손바닥으로 쓸어내린 후 킁킁 냄새를 맡으면 레몬 향이 난다. 상큼하고 상쾌한 향이다.

편백나무 칩을 자주 가지고 놀기도 하는데, 아이가 손에 담아 코에 댈 때마다 나는 "It smells like the forest!"(숲속 향이 나지)라고 속삭인다. 가끔 아이는 안티푸라민을 혼자 열어 냄새를 맡기도 한다. 나는 그때마다 "It's stinky!"(코를 찌르는 냄새야)라고 말해준다.

향기·냄새 표현하기

◇◇◇◇◇◇

냄새를 표현할 수 있는 여러 영단어가 있다. '냄새 맡다'라는 후각 동사를 좀 더 강조해 익힐 수 있도록 여기서는 'It smells'로 통일했다. 'It smells'를 'It's'로 바꿔 써도 된다.

It smells good. 냄새 좋다.

fragrant. 향기로워.

fresh. 상쾌한 냄새가 나.

delicious. 맛있는 냄새가 나.

bitter. 쓴 냄새가 나.

rotten. 썩은 냄새가 나.

salty. 짠 냄새가 나.

smoky. 연기 냄새가 나.

sour. 시큼한 냄새가 나.

spicy. 매운 냄새가 나.

stinky. 지독한 냄새가 나.

sweet. 달콤한 냄새가 나.

smelly. 악취가 나.

fruity. 과일 향이 나.

후각 자극에 좋은 놀이

◇◇◇◇◇◇

강한 냄새나 향기를 풍기는 것은 바로 꽃이나 식물, 음식 등이
다. 가장 향기로운 꽃들을 구글에서 검색해 보니 '10 of the
best Fragrant Flowers'라는 제목으로 10개의 꽃이 나온다. 작
약peony, 장미rose, 백합lily, 프리지어freesia, 치자gardenia, 라벤더lav-
ender, 튜베로즈tuberose, 라일락lilac, 재스민jasmine, 히아신스hyacinth
이다. 꽃을 좋아해서 집에 자주 들여놓는데, 분위기도 화사해지
고 천연 디퓨저가 따로 없다. 아이와 함께 매번 다른 꽃의 향을
맡고 감탄하며 얘기를 나눈다.

How does it smell? 냄새가 어떠니?

Smell it, please. 냄새를 맡아보렴.

It smells fragrant. 향기로운 냄새가 나지.

What does it smell like? 저건 무슨 냄새야?

Open the lid. 뚜껑 열어봐.

I'll open the lid. 내가 뚜껑을 열어볼게.

They smell sweet and fruity. 달콤한 과일 향이 나네.

식물의 이름들을 잘 알고 있는 사람을 만나면, 왠지 더 특별하게 보인다. 작고 소중한 자연의 것들을 그냥 지나치지 않는 사람이라는 생각이 들어서다. 가슴속에 자연의 지도가 그려져 있는 사람은 얼마나 마음이 풍요로울까. 내 아이도 그렇게 키우고 싶다. 그래서 자주 자연으로 나가 지천에 피어있는 꽃과 식물의 향기를 깊숙한 숨으로 맡아본다.

후각 자극에 좋은 놀이는 뭐가 있을까? 집에 있는 꽃, 아기로션, 향수, 과일, 편백나무 칩, 허브잎, 음식 같은 것들을 준비하고, 아이 눈을 가리고 맡아보게 하자. 손으로 눈을 가렸다가 'Tada!'(짜잔!) 하고 보여주면 아이가 정말 좋아한다.

후각에 관련된 단어를 쭉 살펴보면 미각과 겹치는 경우가 꽤 많다. 후각과 미각은 친구이기 때문이다. 냄새를 맡지 못하면 맛도 잘 느낄 수 없다. 또 후각은 상상으로 연결되기도 하고, 기억으로 저장되기도 한다. 냄새를 맡으며 그 대상의 맛과 모양 등을 상상하는 일은 아이의 뇌를 자극한다. 아이와 함께 날마다 좋은 향기를 맡으며 영어 성장판도 자극해 보자.

촉각을 자극하는
질감 놀이

"눈으로 보지 않고 손으로 만져 물건을 맞히는 놀이는 아이들의 상상력을 키우고, 향후 관찰력에도 도움이 된다. 모래 놀이와 옷감 놀이도 아이의 촉각 발달을 돕는 놀이다."

"진흙이란 게 얼마나 신기한지 몰라. 진흙으로는 세상의 어떤 것도 다 만들어낼 수 있거든."

발달장애 아들을 영재로 키워낸 칼비테 목사의 말이다. 그는 정원의 한구석에 작은 놀이터를 만들었다. 그곳에서 아이와 함께 진흙으로 산봉우리를 만들고, 그 봉우리를 잇는 큰 다리도 만들었다. 다리 양 끝부분에는 큰길을 내서 또 여러 갈래의 작은 길을 만들었다. 칼비테 주니어는 "나와 아버지가 함께 만든 진흙 세계는 하나님이 창조한 자연의 모습과 흡사했다"고 말했다. 그는 진흙을 만지며 흡사 창조의 기쁨을 느꼈던 것 같다.

촉감 자극은 아이에게 새로운 활동에 대한 호기심을 키우고 유대감을 높이며 적응력을 키워준다. 다양한 도전을 시도하면서 적극성이 길러지고 창의성도 개발된다. 칼비테 주니어가 독일의 유명한 영재로 불릴 수 있었던 것은 이런 여러 놀이의 과정이 뒷받침되었기 때문이다.

촉각 자극에 좋은 놀이

◇◇◇◇◇

1. 촉감 맞히기 게임 Guessing Games

STEP 1. 위에 구멍이 뚫린 상자를 준비한다.

작은 종이 박스 위에 아이 손이 들어갈 정도의 크기로 구멍을 뚫어놓자. 준비하기 어렵다면 휴지를 한 장씩 뽑아 쓰는 각 티슈를 사용해도 된다.

STEP 2. 상자 속에 다양한 장난감을 넣어놓자.

부들부들한 인형도 좋고, 맨질맨질한 작은 공도 좋고, 정교한 자동차도 좋다. 촉감이 다른 여러 장난감을 구멍 속에 넣어둔다.

STEP 3. 아이가 구멍을 통해 만져본 후 무엇인지 맞힌다.

상자 구멍을 통해 아이 손을 넣어 더듬더듬 어떤 물건인지 느껴보고 맞혀본다. 눈으로 보지 않기 때문에 손끝의 감각에 집중하게 된다. 다양한 촉감을 손으로 만지며 상상하고 유추해 볼 수 있다.

Put your hand in the box. What's inside?
상자에 손을 넣어보자. 안에 무엇이 있을까?

How does it feel? 느낌이 어때?

It's hard. 딱딱해

It's soft. 부드러워.

It's squishy. 말랑말랑해.

Can you guess what it is? 뭔지 맞혀볼래?

Now, let's take it out! 이제 꺼내보자!

Wow, what's this? 우와, 이게 뭐야?

It's a Lego block. 레고 블록이네.

2. 모래 놀이 Sand play

보드라운 모래도 촉각 자극에 굉장히 좋다. 모래가 있는 야외 놀이터에 나가보자. 요즘엔 천연 모래와 비슷한 질감의 놀잇감을 판매하기도 한다.

We have a sand toy set. 모래놀이 세트가 있어.

Here is a bucket. 양동이가 있어.

Here is a shovel. 삽도 있어.

Let's build a sandcastle. 모래성을 만들자.

Feel the sand. How is it? 모래를 느껴봐. 느낌이 어때?

Is it tickling your feet? 발바닥이 간질간질하지?

First, put sand in the bucket. 먼저, 양동이에 모래를 넣어.

Then, pat down the sand. 그다음에 모래를 톡톡 두드리렴.

Laslty, turn the bucket upside down.
마지막으로, 양동이를 거꾸로 뒤집어봐.

The castle is so cool. 모래성이 아주 멋지네.

3. 옷감 만지기 Touching clothes

옷장 문을 열고 하나하나 옷감을 만져보는 것만으로도 훌륭한 촉감 놀이가 된다. 봄, 여름, 가을, 겨울 계절에 따른 옷의 질감이 모두 다르다. 다양한 소재의 옷감들을 만지게 하면서 촉감에 관한 표현을 알려주자. 아이가 좋아하면 아이 옷은 물론이고 엄마와 아빠의 커다란 옷도 한번 입어보며 놀자.

It feels hard. 딱딱해.

bumpy. 울퉁불퉁해.

rough. 거칠어.

smooth. 매끈해.

soft. 부드러워.

silky. 엄청 부드러워.

※ 'It feels'은 'It's'로 대체 가능하다.

4. 달걀 껍질 까기 Peeling boiled eggs

달걀을 삶으면 꼭 아이에게 껍질을 까보라고 말한다. 고사리 손으로 달걀을 요리조리 굴리고, 모서리에 탁탁 쳐서 껍질을 깨고, 살살 벗겨내 하얀 알맹이를 남긴다. 겨울철엔 귤껍질 까기도 아이에게 미션으로 자주 준다.

Crack the egg. 달걀을 깨봐.

Roll the egg. 달걀을 굴려봐.

Peel the egg. 이제 달걀 껍질을 까봐.

5장

영알못 엄마의
말문 트는
'하루 15분'
영어 습관

영알못 엄마의
말문 트기 3단계

"영어로 읽어주고 말하는 '엄마 목소리 영어'는 영알못 엄마들에게 그 자체로 부담일 수 있다. 하지만 아이를 키우는 이 시기를 최고의 기회로 생각한다면, 엄마와 아이의 영어 실력이 무한히 동반 성장할 수 있다. 딱 '하루 15'분으로 시작해 보자. 엄마의 말문 트는 3단계를 소개한다."

1단계 : 생활 영단어 모으기

◇◇◇◇◇◇

아이가 말을 배우기 시작할 때 일상 속 모든 것에 대한 이름을 묻는다. "이게 뭐야?" 하고 말이다. 엄마도 마찬가지로 눈에 보이는 모든 것, 혹은 보이지 않지만 들리고 느껴지는 현상, 동작, 감정 등을 모두 영단어로 먼저 변환해 보자. 아이에게 알려주면서 공부하면 그야말로 일석이조의 효과! 영어 발음이 궁금할 때는 네이버 사전의 발음 듣기를 이용해 여러 번 듣고 따라해 본다. 이때 최대한 원어민 발음과 비슷하게 내려고 노력하는 것이 중요하다.

사실 주변을 둘러보면, 우리는 온통 영어에 둘러싸여 있다. 카페에서 음료 하나를 주문하더라도 쇼트short, 톨tall, 라지large 등의 사이즈로 주문한다. 이런 단어부터 '콩글리시'로 발음하지 말고, 최대한 원어민 발음에 가깝게 내보자. 민망함을 극복하고 자신감을 갖는 것부터가 우선이다.

직업병일 수도 있겠지만, 카페에 가서 주스를 주문할 때면 나도 모르게 오렌지orange를 '어륀쮜[ɔrindʒ]'로 발음한다. 무의식적으로 발음을 굴린 후에 알아차리고 나면 웃음이 난다. 영어를 한국어와 구분해서 정확하게 발음하는 습관이 입에 배었기 때문이다. 디카페인 커피를 시킬 때도 나는 꼭 '디케프decaf['diːkæf]'

라고 정확하게 발음한다. 모든 영단어가 마찬가지다.

　나 역시 처음 접하는 단어의 발음은 인터넷 어학사전에서 발음기호를 보고, 발음 듣기를 여러 번 클릭하며 따라 읽는다. 영어 강사로서의 강박이기도 한데, 실생활에서 이 차이는 상당한 변화를 가져온다. 생활 속의 단어 모으기를 하루하루 성실히 실천하다 보면, 어느새 꽤 많은 부분이 영단어로 정확하게 표현되는 게 가능해질 것이다.

2단계 : 초간단 문장 만들기

◇◇◇◇◇◇

영단어 변환이 습관이 됐다면, 여기에 살을 붙이면 된다. 단어에 또 다른 단어 하나만 덧붙여도 문장이 된다. 어려울 게 없다. 이게 바로 영어 회화다. 문법에 맞춘 긴 문장으로 꼭 말해야만 영어 회화가 아니다.

Orange juice. 오렌지 주스.

Orange juice, please. 오렌지 주스요.

Could I have orange juice, please? 오렌지 주스 주세요.

> **I like orange juice.** 전 오렌지 주스가 좋아요.

> **This is orange.** 이건 오렌지색이에요.

예를 들면, 위의 문장에서 '오렌지orange'라는 단어만 대체하면 너무 쉽게 여러 회화 문장을 만들 수 있다. 기본 단어 몇 개로 아이와 할 수 있는 말이 무궁무진해진다는 얘기다. 아직도 자신이 없다고? 지금 시작한 아이보다 엄마가 반 발짝만 앞서 가면 된다. 아무리 실력이 부족한 엄마여도 이 정도는 할 수 있다. 아이가 옹알거릴 때 엄마는 뒤집기 시작하고, 아이가 뒤집기 시작할 때 엄마는 기어가고 있으면 된다. 그러다가 어느 순간 함께 걷고, 뛸 수 있는 날이 온다. 아이의 발달 시기에 맞춰 같이 성장한다고 생각하면 그리 어렵지 않다. 결국, 해보겠다는 결심과 일상의 작은 실천이 중요하다.

더 콤팩트하게, 생활 영단어를 딱 3단계로만 늘려보자. 영어 문장 만들기가 생각보다 쉽다. 예를 들면 이렇다.

❶ **Sound.** 들린다.

❷ **Sounds beautiful.** 아름답게 들린다.

❸ **It sounds beautiful.** 아름다운 소리가 들린다.

❶ Yummy. 맛있다.

❷ So Yummy. 너무 맛있다.

❸ It's so yummy. 아주 맛있다.

❶ Feel. 느낀다.

❷ I feel. 나는 느낀다.

❸ I feel good. 나는 좋은 느낌이 든다.

정리해 보면 이렇다. 1단계, 한 단어에서 시작하자. 2단계, 두 단어만 붙여도 문장이다. 3단계, 좀 더 살을 붙여보자. 이 공식만 알면 어떤 단어도 문장으로 만들 수 있다.

3단계 : 영어 몰입 환경 만들기

◇◇◇◇◇◇

아이가 영어 몰입 환경에서 성장하듯 엄마 역시 영어 환경을 세팅할 필요가 있다. 아이를 키우는 지금 이 시간이 기회라는 생각으로 나의 주변을 하나둘 영어 환경으로 바꿔보자. 거창하게 생각하지 말고 딱 '하루 15분'으로 시작해 보자. 이것만 지켜

도 하루하루 쌓이면 큰 힘이 생기고, 점차 영어에 재미를 붙일
수 있다.

1. '엄마 목소리 영어'에 최대한 충실하기

엄마가 아이에게 영어책을 읽어주고, 아이와 영어 동요를 함께 듣고, 단계별로 좋은 책을 선별해 책장에 꽂아두는 '엄마 목소리 영어'의 모든 과정이 엄마의 영어 실력 향상에 도움이 된다. 아이보다 한 단계 높은 수준의 책이나 영어 대본을 미리 소리 내어 읽어보고, 아이와 짧은 영어로 문답을 주고받는 것 역시 회화에 대한 두려움을 극복하는 좋은 방법이다. 이 과정을 충실히 해내는 것만으로 엄마의 영어 수준이 한층 성장한다.

2. 네이버와 구글 양쪽으로 검색하기

잘 모르거나 익숙하지 않은 영단어의 뜻을 알기 위해 포털 사이트를 자주 이용하게 된다. 이때 네이버와 구글 양쪽 다 검색해 보는 습관을 들이자. 웬만한 단어는 네이버 사전으로 검색이 되지만, 원어민들이 자주 쓰는 표현 등은 구글이 더 정확할 때가 있다. 또 구글링하면 현지에서 어떻게 쓰이는지 생생한 표현을 찾기 훨씬 수월하고, 예시도 풍성할 때가 많다.

3. 디지털 기기의 기본 언어, 영어로 설정하기

스마트폰, 패드, 노트북, 컴퓨터, TV 등 자주 보고 사용하는 모든 디지털 기기의 설정을 영어로 바꿔보자. 처음엔 어색할 수 있는데 점차 익숙해지면, 온라인 영어 환경에 자연스럽게 노출된다.

4. 우리나라 이슈, 해외 기사로 검색하기

우리나라의 큰 사회적 이슈를 해외 언론 기사로 찾아보는 연습을 해보자. 나는 세계적 이슈가 있거나 한국에 큰 사건이 터졌을 때, 코리아 헤럴드나 BBC, CNN 사이트에 들어가서 해당 기사들을 찾아 읽어본다. 글로벌한 시야를 갖게 되고, 사안을 객관적으로 볼 수 있는 눈을 길러준다. 무엇보다 좋은 것은 평소 어렵게 느끼던 영어가 좀 더 읽히고, 들린다는 것이다. 이미 기본적인 맥락을 알고 있기 때문이다.

5. BBC와 CNN 뉴스 헤드라인 읽기

BBC와 CNN 앱을 깔고 세계 각지에서 일어나는 각종 뉴스를 알림을 통해 실시간으로 받아보자. 그 누구보다 세계의 사건·사고를 빨리 알 수 있고, 글로벌 시민의식 역시 생긴다. 기사를 다 읽기 버거울 수 있는데, 이때는 헤드라인만 읽고 파악하는 연습을 하자. 훨씬 빠르게 영어 실력이 급성장하게 될 것이다.

　이밖에도 포털 사이트의 메인 화면을 영어 기사가 뜨게끔 해놓는 방법도 있다. 매번 모든 기사를 살펴보기 어렵지만, 관심 가는 주제는 클릭해 가끔 집중해서 보고 정독할 때가 있다. 이 역시 버겁다면, 헤드라인 읽는 연습만 해도 하루하루 쌓이면 큰 자산이 된다.

　1번부터 5번까지 한꺼번에 모두 실천하기 어렵다면, 하나씩 시간을 두고 도장 깨기를 하듯 도전해 보자. 어차피 외국어에 '완성'이라는 것은 없다. 아무리 잘한다고 해도 모국어만큼 익숙해지긴 어렵다. 다만, 일상에서 자연스럽게 자주 영어에 노출될 때 엄마의 실력 또한 분명히 성장해 나갈 수 있다. 몰입 환경을 끊임없이 재설정하고, 감각을 잃지 않도록 꾸준히 공부하고 노력하는 수밖에 없다.

　상황과 표현에 딱 들어맞는 영어 단어와 문장을 아이에게 말해 줄 때 느끼는 쾌감이 있다. 매일 반복되는 육아인 것 같아도, 환경을 어떻게 설정하느냐에 따라 집은 엄마와 아이의 즐거운 영어 놀이터가 된다.

의성어·의태어,
아는 만큼 힘이 된다

"엄마 목소리로 영어책을 읽어줄 때, 의성어·의태어를 추가해서
실감 나게 표현하면 아이의 '눈이 반짝, 귀가 쫑긋'해지는 걸 경
험하게 된다. 의성어와 의태어는 영어책 읽어주기에 양념 같은
역할을 한다. 감자튀김을 케첩에, 피자를 핫소스에 찍어 먹으면
훨씬 다채롭고 풍성한 맛을 즐길 수 있는 것과 같다."

루시 커즌스Lucy Cousins 작가의 『Peck, Peck, Peck』은 의성어와 의태어를 활용하여 딱따구리가 다양한 물건을 쪼는 장면을 재미있게 표현한 책이다. 실제로 우리집에 있는 이 책에는 여러 군데 구멍이 뚫려 있다. 새 모양의 장난감을 책 위에 올려놓고, 새의 부리로 구멍을 쪼는 시늉을 하며 읽어주니 아이가 아주 좋아했다. 의성어와 의태어의 소리만으로 집중력을 높이고, 호기심을 자극할 수 있다.

우리 아이는 길을 가다가 물웅덩이가 있으면 그냥 지나치는 법이 없다. 잠깐 걸음을 멈추고 물을 튀기며 놀게 한다. 만화영화 「Peppa Pig」의 주인공 페파Peppa가 제일 좋아하는 건 '진흙 웅덩이에서 점프하는 것'(Peppa loves jumping in the muddy puddle)이다. 이 책을 보고 난 후에 아이가 더욱 이 장면을 사랑하게 됐다. 옷에 물이 튀기고, 더러워지는 건 차라리 눈을 감는 편이 낫다. 진흙 웅덩이가 아닌 것만도 다행으로 생각해야 한다.

아이에게 'Jumping in the puddle'(물웅덩이에서 점프하기)이라고 말해주자. 더불어 'Stomp! Stomp!'(쿵쿵), 'Splash! Splash!'(첨벙첨벙)라고 말해주면 아이는 이 말을 따라 하면서 발을 구르며 좋아할 것이다. 소리와 몸으로 단어를 기억하게 된다.

의성어·의태어로 엄마의 말문 트기

◇◇◇◇◇◇

영어 의성어와 의태어들을 많이 알아두면, 지루한 책도 재밌어지는 엄마만의 비밀 병기가 된다. 평소 아이에게 책 읽어줄 때 자주 쓰는 표현을 정리해 봤다.

splash splosh	첨벙첨벙	waddle waddle	뒤뚱뒤뚱 걷다
swish swash	스윽스윽 (풀숲을 헤칠 때)	tweet tweet	짹짹
honk honk	빵빵 (자동차 경적)	twinkle twinkle	반짝반짝
snip snip	싹둑싹둑	tick tock	똑딱똑딱 (시계소리)
boom boom	둥둥 (북소리)	pitter patter	후두둑 (비오는 소리) (*pit-pat으로 줄여 쓰기도 함)
clink clink	짤랑짤랑 (동전이 짤랑대는 소리)	buzz buzz	붕붕 (벌이 붕붕거리는 소리)
boing boing	통통 (공이 튈 때)	peep peep	삐악삐악 (병아리 소리)
tiptoe tiptoe	살금살금	coo coo	구구 (비둘기 소리)
hippity hoppity	깡충깡충	hoot hoot	부엉부엉 (부엉이 소리)
click click	찰칵찰칵	rustle	바스락거린다 (낙엽, 종이 등)
toddle	아장아장 걷다		

책을 읽어주고, 아이와 놀아줄 때 이 의성어와 의태어들을 활용해 보자. 자연의 현상과 동물의 동작, 교통수단이 내는 소리 등을 아이가 더 구체적으로 기억하고 앞으로 관찰하게 될 것이다. 점점 더 활용하고 싶은 의성어·의태어들이 늘어난다면, 작은 노트를 마련해 엄마만의 의성어·의태어 사전을 만들어보자. 엄마 목소리 영어의 감칠맛이 더욱 풍성해질 것이다.

데이나쌤의 책 추천

『Mr. Brown Can Moo! Can you?』
Dr. Seuss
다양한 의성어와 의태어를 재미있게 읽을 수 있는 책이다.

아침·점심·저녁
엄마 목소리 영어 대본

"아이와 함께 하루를 보내다 보면, 어떻게 지나갔는지도 모르게 쏜살같이 시간이 흐른다. 소중한 시간이 의미 없이 지나가 버리기 전에 아침, 점심, 저녁 아이에게 꼭 엄마 목소리로 말해주자. 자주 쓰다 보면 엄마 입에 익숙해지고, 아이 귀에도 편안하게 들릴 것이다."

꾸준한 루틴이 실력이 된다

◇◇◇◇◇

아이를 어린이집에 보내기 전까지는 그야말로 집은 '영어 놀이
터'였다. 매 순간 최선을 다해 육아하고, 아이와 영어로 소통하
려 애썼다. 그러다 두 돌이 되었을 때 아이를 어린이집에 보내
기로 했다. 솔직히 말하면, 온종일 엄마만 쫓아다니며 끝도 없
이 놀아달라고 보채는 아이에게 계속 상냥할 자신이 없었다. 아
이에게도 새로운 놀이와 자극이 필요하다는 생각이 들었다.

막상 아이를 보내고 나니, 그전까지 아이와 영어로 마음껏 놀
았던 시간이 문득문득 그리워졌다. 하원 후에 엄마랑 충분히 놀
수 있는 시간이 생각보다 많지 않음을 깨닫고 나니 그게 또 그
렇게 아쉬울 수가 없었다. 영어책을 읽어줄 수 있는 시간이 절
대적으로 적다는 생각이 드니 조바심도 생겼다. 안 되겠다 싶어
하원 후에 영어책 읽기 루틴을 만들었다. 짧은 시간이라도 매일
일정한 시간에 즐겁게 영어책을 함께 읽고, 영어로 놀 수 있는
루틴 말이다. 매일 이 루틴을 실천하는 것만으로 어느새 영어
말문이 트이고, 영어로 표현하는 데 부담이 적어질 것이다.

영어 강사로 일할 때 영어를 생전 처음 접하는 초등학생에게
도 하루에 1시간 수업시간만큼은 무조건 영어로 말하게 했다.
수다를 떨어도 영어로 떨어야 했다. 1년이 지나고, 2년이 지났

을 때 아이들의 말하기 실력이 몰라보게 성장했다. 결국 일정한 루틴이 중요하다는 건 명백한 사실이다.

아이와 함께하면서 아침, 점심, 저녁 시간에 주로 썼던 영어 표현들을 정리했다. '엄마 목소리 영어의 하루'라는 영화를 찍는다면 이건 아마도 시놉시스, 그러니까 대본이 되겠다. 이 대본을 충분히 숙지한다면, 아이가 꾸준히 성장하는 밑거름이 되는 것은 물론이고 '엄마 목소리 영어의 하루'는 중요한 과정을 담은 훌륭한 작품으로 남게 될 것이다.

엄마 목소리 영어의 하루

◇◇◇◇◇◇

아이와 함께 하루를 보내다 보면 어떻게 지나갔는지도 모르게 쏜살같이 시간이 흐른다. 소중한 시간이 의미 없이 그냥 지나가 버리기 전에 아침, 점심, 저녁 아이에게 꼭 엄마 목소리로 말해주자. 자주 쓰다 보면 엄마 입에도 익숙해지고, 아이 귀에도 편안하게 들릴 것이다.

아침

Sweetie, did you sleep well? Let me give you a hug.
우리 아가 잘 잤니? 안아줄게.

How do you feel today? Do you feel good?
오늘 기분이 어때? 좋으니?

Do you want to listen to music? Turn on the CD player.
노래 들어볼까? CD를 틀어보렴.

Mommy will make some breakfast. Sit down on your chair.
엄마가 아침 준비할게. 네 의자에 앉으렴.

Here's your meal. It's a little hot. You should be careful!
맘마 여기 있어. 좀 뜨거워. 조심하렴!

Have a bite. Do you want some water?
한입 먹으렴. 물 마실래?

Have the last bite. Are you full? Good boy!
마지막 한 입이야. 배부르지? 우리 아기 착해!

점심

Let me read you a story. Bring the books you like. Good job!
책 읽어줄게. 좋아하는 책 가져오렴. 잘했어!

Who are they? They are Rabbit, Lion, Giraffe, and Hippo.
얘네들은 누굴까? 토끼랑 사자, 기린, 하마야.

Is it fun? Say, yes it is. Yeah~
재밌니? 그렇다고 말해보렴. 오예~

Go to your play room. Let's play with Lego blocks.
네 놀이방으로 가렴. 레고 블록하고 놀자.

Build the blocks. Let's make a tall building.
블록을 세우렴. 큰 빌딩을 만들자.

Wow, good work! You made it!
우와, 잘했어! 네가 해냈어!

Play with a toolbox. Put the nail into the hole.
공구 상자랑 놀자. 못을 구멍에 넣으렴.

Use a spanner to take out the nail.
못을 꺼내기 위해 스패너를 사용해봐.

I'm a lion. Grrr! Run away!
난 사자다. 으르렁! 도망가!

I'll catch you. Oh~ I got you!
널 잡고 말겠다. 오~ 잡았다!

저녁

Do you want to watch 'Max & Ruby'? Where's the remote?
'맥스 앤 루비' 보고 싶어? 리모컨 어딨니?

Turn on the TV. Are you having fun? No more watching TV.
TV 켜. 재밌게 보고 있어? 이제 그만 보자.

Let's clean up! Put away your books. Put them back.
청소하자. 책을 치우렴. 제자리에 놓자.

Sweetie, are you sleepy now? It's time to go to sleep.
우리 아가 졸리니? 잘 시간이야.

Let me check your diaper. I'll change it now.
기저귀 보자. 엄마가 갈아줄게.

Oh, I forgot to brush your teeth. Let me brush your teeth.
이 닦는 거 깜박했네. 양치질하자.

Up, down! Up and down! Swish it around and spit it out.
위로 아래로! 위로 아래로! 가글하고 뱉으렴.

Go to sleep. Good night, my baby. Sweet dreams.
자러 가자. 잘자, 우리 아기. 좋은 꿈 꿔.

Give me a kiss. I love you so much.
뽀뽀해줘. 많이 사랑해.

You are my sunshine.♡
너는 내 햇살이야.♡

놀아주며 말하기 ❶
옷장놀이, 칭찬하기

"육아를 하는 엄마 입장에서 아이랑 놀아주면서 영어로 말하는
것만큼 매일 꾸준히 실천할 수 있는 회화 연습이 또 없다. 아이
가 정말 좋아했던 영어 놀이를 추려서 소개한다."

옷장놀이 Closet play

◇◇◇◇◇

> "모피의 감촉과 냄새라면 사족을 못 쓰는 루시는 곧장
> 옷장 안으로 들어가 코트 사이에다 얼굴을 비비댔다."

C. S. 루이스의 소설 『나니아 연대기-사자와 마녀와 옷장』[1]에서 막내 루시가 늙은 교수의 옷장 문을 열고, 겨울이 영원히 지속되는 '나니아'라는 세계에 들어가기 직전의 장면이다. 루시의 흥미진진한 모험은 커다란 옷장 문을 열면서 시작된다. 집이 아이들에겐 탐험의 출발점이고, 집에 있는 물건들 역시 아이들에겐 생생한 영어 교구다.

아이와 함께 옷장 문을 열어보자. 옷 하나하나의 다양한 명칭을 알려주고, 겨울winter옷과 여름summer 옷도 구분해 보자. 큰Large 사이즈와 작은small 사이즈, 긴long 기장과 짧은short 기장도 구별해 보자. 아이는 옷의 촉감을 느끼며 정서적인 안정감도 누릴 수 있다. 아이가 커다란 엄마 옷, 아빠 옷을 입어보고 싶다고 하면, 우스꽝스러운 패션쇼가 시작된다. 아이가 무척 즐거워했던 놀이다.

옷장놀이

These are winter clothes. And those are summer clothes.
이건 겨울옷이야. 저건 여름옷이야.

Touch and feel it! How does it feel?
만져보고 느껴봐. 촉감이 어때?

It's so soft.
정말 부드러워.

What color is it? What pattern is it?
무슨 색일까? 어떤 무늬일까?

It's checkered / polka dotted / striped / floral patterned.
이건 체크무늬 / 땡땡이 / 줄무늬 / 꽃무늬야.

Do you want to wear it?
이거 입어볼래?

Let's have a fashion show!
패션쇼를 하자!

Wear a hat and a scarf.
모자랑 스카프를 하렴.

Oh~ You look awesome / gorgeous / fabulous!
우와, 너 진짜 멋지다!

What kind of clothes are they? What is it made of?
이건 어떤 종류의 옷일까? 어떤 천일까?

This is cotton / corduroy / silk / denim / goose down / duck down.
이건 면 / 세무 / 실크 / 청 / 거위털 / 오리털로 되어 있어.

It's a coat / a skirt / a pair of overalls / a T-shirt / a jacket / a cardigan / a padded jacket.
이건 코트 / 치마 / 멜빵 / 티셔츠 / 재킷 / 카디건 / 패딩점퍼야.

This is a muffler / a long-sleeved shirt / a short-sleeved shirt.
이건 목도리 / 긴팔 티셔츠 / 반소매 티셔츠야.

These are mom's clothes / dad's clothes.
이건 엄마 옷 / 아빠 옷이야.

It's so big for you. You look like a fashion model.
너한테 많이 크다. 패션 모델 같아.

Look at the mirror. Look at yourself. You look so handsome!
거울 봐봐. 네 모습 좀 봐. 진짜 잘생겼다!

칭찬하기 compliment

◇◇◇◇◇

아이들은 부모의 사랑과 칭찬을 먹고 산다. 다양한 칭찬 문장을 알아두고 충분히 표현해 보자. 칭찬으로 우리 아이를 배부르게 하자.

칭찬하기

Good job!
잘했어!

You did a great job!
참 잘했어!

Super duper job!
아주 아주 잘했어!

Excellent!
완전 잘했어!

Good work! Good going!
잘했군! 잘했어!

I'm so proud of you.
네가 자랑스러워.

You're really good at playing the piano.
너 진짜 피아노 잘 친다.

Keep up the good work!
네가 계속 이렇게 잘했으면 좋겠어!

You're really smart!
너는 참 똑똑하구나!

You have a real talent.
너는 참 소질이 있구나.

Nice hair!
오늘 머리 이쁘다!

You are one of a kind.
너는 참 특별하단다.

I'm so lucky to have you in my life.
내 인생에서 너를 만난 건 최고의 행운이야.

I love seeing your smile. It brightens my day every time.
너의 미소를 보는 게 좋아. 매일 나의 하루를 밝게 만들지.

엄마의 말문 트기

1단계 **Good!** 좋네!

2단계 **Good job!** 잘했어!

3단계 **You did a good job!** 잘 해냈어!

놀아주며 말하기 ❷
역할놀이, 숨바꼭질, 종이접기

"놀이에 집중할 때 아이들의 눈은 빛난다. 위대한 발명가 토머스 에디슨은 심지어 이렇게 말했다. "내 평생 단 하루도 일하지 않았다. 그것은 모두 재미있는 놀이였다." 그의 엄청난 발명품들은 신나게 놀이한 결과물이었다. 놀이하고 놀아주며 영어 실력까지 늘 수 있다면 가장 이상적인 목표에 도달하는 게 아닐까."

역할놀이 Role Play

◇◇◇◇◇

손가락 인형Finger puppet이나 보통의 인형, 그 어떤 장난감이라도 좋다. 이걸 가지고 역할극을 할 수 있으면 된다. 엄마와 아이가 각각 인형을 가지고 대화하는 놀이다. 엄마는 인형이 말하는 것처럼 목소리를 바꿔보자. 인형을 움직이며 아이에게 "Hello!"라고 말해보자. 그러면 아이도 자기가 가지고 있는 인형을 움직이며 "Hello!" 할 것이다. 서로 말을 주고받을 수 있게 된다. 아이가 따라 하기 쉽게 짧은 단어로 시작해서 점차 늘려가면 된다. 처음에는 "Hi", "Good morning", "Good night", "I love you" 같은 비교적 쉬운 말부터 시작해 보자.

숨바꼭질 Hide and seek

◇◇◇◇◇

술래가 눈을 가리고, 나머지 아이들이 꼭꼭 숨는 놀이. 술래가 숨은 아이를 모두 찾아내면 끝이 난다. 실내외에서 모두 가능하다. 아이는 장롱 안에, 책상 아래, 나무 뒤에 숨어서 조용히 술래를 기다린다. 술래잡기로 변형해도 재미있다. 술래잡기는 '나 잡아봐~라!'와 비슷한 놀이다. 눈을 가린 술래가 요리조리 피하는 아이를 모두 잡아야 끝이 난다. 나머지 아이는 손뼉을 치거나 "I'm here"(나 여기 있어) 소리를 내며 술래를 유인한다.

ᐧᐧ◆ᐧᐧ

숨바꼭질

Let's play Hide-and-Seek.
숨바꼭질 놀이하자.

I'll close my eyes.
눈 감을게.

You hide first.
먼저 숨어라.

Are you done?
다 됐니?

John, where are you?
존, 어디 있니?

You should say, "I'm here."
"여기 있어"라고 말해보렴.

Wow, I found you!
우와, 찾았다!

종이접기 origami

◇◇◇◇◇◇

색종이 100장 짜리를 사면, 아이와 시간 가는 줄 모르고 놀 수 있다. 요즘은 유튜브에 아이와 할 수 있는 종이접기 콘텐츠가 무궁무진하다. 그중에서 종이학 접기는 난이도가 좀 있는 편이지만, 추억이 소환되어 엄마도 재미있다. 종이학 접는 방법을 토대로 대본을 구성해 봤다.

종이접기 주요 표현들

Mom's going to show you how to make a paper crane.
엄마가 종이학 접는 거 보여줄게.

You will need a square piece of paper.
정사각형 종이 한 장이 필요해.

The first step is to fold the square diagonally, corner to corner.
첫 번째로 정사각형을 사선으로 접어봐.

Unfold, then fold the paper in half into a rectangle.
다시 펴서, 직사각형이 되도록 반으로 접어.

Fold it in half the other way. Fold vertically from right to left.
반대도 그렇게 해. 오른쪽에서 왼쪽으로 수직이 되도록 접으렴.

Basically make two rectangles and two triangles.
직사각형 두 개와 삼각형 두 개를 기본으로 만드는 거야.

Flip it over.
뒤집어라.

Do the same thing on the other side.
반대쪽에도 똑같이 해라.

Just give it a little bit of a crease on top.
꼭대기에 작은 주름을 만들어라.

Fold it into the center. Just like this.
중앙으로 접어라. 이렇게 말이지.

Pinch them together.
엄지와 검지로 함께 꼬집어라.

엄마의 말문 트기

1단계 **Play!** 놀이!

2단계 **Let's play!** 놀자!

3단계 **Let's play house!** 소꿉놀이하자!

데이나쌤의 책 추천

『Yoko's Paper Cranes』
Rosemary Wells

아기 고양이 요코가 종이학을 접어 일본에 계신 할머니에게 선물로 보내는 내용이다. 책에 종이학 접는 방법이 그림으로 나와 있다. 종이학의 색감이 동양적이고 참 예뻐서 아이보다 엄마가 더 소장하고 싶은 책이다.

놀아주며 말하기 ❸
스무고개 말놀이

"엄마가 질문하고, 아이가 답하게 해도 좋다. 물론 아이가 질문하고, 엄마가 답변해도 된다. 아직 아이에게 질문과 답변이 어렵다면, 엄마 아빠가 아이 앞에서 스무고개를 해보자. 자연스럽게 의문문과 답변을 영어로 익힐 수 있다."

스무고개 말놀이 twenty questions

◇◇◇◇◇◇

스무고개 말놀이는 한 사람이 마음속으로 대상을 생각하고, 다른 사람은 그 대상을 맞히기 위해 스무 번의 질문을 할 수 있는 게임이다. 스무 번의 질문과 답을 하는 과정에서 호기심과 상상력, 추측하고 가늠하는 힘까지 키워지는 효과가 있다.

엄마 목소리 영어 대본　　　　　　　　　　◆ ◆ ◆ ◆ ◆

스무고개 ❶

What color is it? It's pink.
무슨 색인가요? 분홍색이에요.

Is it a person or an animal? It's an animal.
사람인가요 동물인가요? 동물이에요.

What does it eat? It eats almost everything.
무얼 먹나요? 거의 다 먹어요.

What sound does it make?
어떤 소리를 내나요?

It makes a sound like this- 'oink, oink,'.
꿀꿀요.

The Answer is a pig.
정답은 돼지입니다.

스무고개 ❷

What shape is it? It's a circle.
어떤 모양이에요? 동그라미요.

What color is it?
무슨 색이에요?

It is red, brown, black, and has lots of colors.
빨강, 갈색, 검정, 그리고 여러 색깔요.

Is it food or a thing or a person?
음식일까요? 물건일까요? 사람일까요?

It's food.
음식요.

How do you eat it?
이걸 어떻게 먹나요?

I eat it with my hands.
손으로 먹어요.

Why would you eat it?
왜 먹어요?

Because it's delicious.
맛있으니까요.

Who eats it a lot?
주로 누가 먹어요?

Our family eats it. Lots of people eat it.
우리 가족이 먹어요. 많은 사람이 먹어요.

What country is the food from?

어느 나라의 음식인가요?

It's Italian food.

이탈리아 음식입니다.

The answer is pizza.

정답은 피자입니다.

엄마 목소리 영어 대본

· · ◆ · ·

질문·답 예시

Is it big / alive / made of wood / made of plastic?

커요 / 살아있어요 / 나무로 만들어졌나요 / 플라스틱으로 만들어졌어요?

Does it fly / dance?

나는 건가요? / 춤추나요?

Can it move / fly?

움직일 수 있는 건가요? / 날 수 있나요?

Can you eat it?

먹을 수 있어요?

Can I carry it?

제가 들고 움직일 수 있나요?

Is it a square? No, it isn't. It's a circle.

정사각형이에요? 아니에요. 동그라미에요.

Is it big? Yes, it is.
큰가요? 네.

Does it have any colors?
색깔이 있나요?

Yes, it does. Red and green.
네. 빨강과 초록이에요.

Does it grow on the ground? Yes, it does.
땅에서 자라나요? 네.

Is it a living thing? Yes, it is.
살아있는 건가요? 네.

Can it move by itself? No, it can't.
스스로 움직일 수 있나요? 아니요.

Is it a fruit?
과일인가요?

엄마의 말문 트기

1단계 **What?** 뭐니?

2단계 **What book?** 무슨 책?

3단계 **What is that book?** 저 책은 뭐지?

세상 최고의 '영어쌤'은 엄마다

나는 '최고의 영어 강사'는 아니었다. 누구보다 열심히 아이들을 가르쳤다고 자부하지만, 원어민 선생님과 비교해 영어 유창성과 발음 등이 더 훌륭하다고 생각한 적은 없다. 하지만 우리 아이에게만큼은 '최고의 영어쌤'이 되어주고 있다. 누구보다 아이의 관심사와 수준을 정확히 알고 있고, 맞춤 영어 환경을 제공할 수 있다.

영어 실력이 출중한 엄마여야 엄마 목소리 영어를 잘할 수 있을까? 나는 절대로 그렇지 않다고 생각한다. 필요조건일 수는 있겠지만, 충분조건일 수는 없다. 영어 강사의 경우에도 영어 실력이 좋다고 해서 반드시 영어를 잘 가르치는 것은 아니다. 내가 가르치는 반 아이들의 영어 실력이 크게 늘었던 이유도 원어민 선생님보다 내 영어 실력이 출중해서는 아니었다.

매일 영어로 말해주기의 힘

나는 아이들이 학원에 도착해 집에 갈 때까지 끊임없이 영어로 말해주었다. 수업 시간에는 물론이고, 신발을 신고 문을 나서 학원 버스에 탈 때까지 모든 행동과 상황을 영어로 번역해주었다. 신발을 신을 때는 옆에서 "Put on your shoes."라고 말하고, 버스 타기 위해 줄을 서면 "Line up, please."라고 말해주었다. 그렇게 몇 타임 연속으로 수업을 하면 목이 쉬어 집에 와서는 말하기 어려울 정도였다. 나중에 내 영어 수업 방식과 아이들의 변화를 알게 된 원어민 선생님이 이 방식을 따라 하곤 했다.

영어 강사로 살면서 강의실에서 이루어지는 단편적이고 실용성이 떨어지는 영어 학습에 회의를 느낀 적이 많다. 영어에 대한 자기 열등감의 투영으로 아이에게 영어 학습을 강요하는 부모도 많이 만났다. 한 번 그 길에 들어선 부모의 욕심은 좀처럼 멈추기 어렵다. 엄마가 원하는 목표에 아이를 도달하게 하려면 갈 길이 멀기 때문이다. 부족한 것만 보일 수밖에 없다. 그게 아이를 사랑하고 잘되게 하는 길이란 잘못된 신념을 깨기 어렵다.

아이가 이미 가지고 태어난 독특한 기질과 성향을 잘 파악하고, 영어로 놀아주고 말해줄 수 있는 권한이 엄마에게 있다. 나역시 체력이 허락하는 한까지 매일 아이에게 영어로 말해주고 놀아주려고 노력한다. 소리와 음악에 반응하는 아이라면, 악기를 연주하며 영어로 교감해 볼 수 있다. 무척 활동적인 아이라면, 놀이터에서 대근육 쓰는 놀이를 하며 그에 맞는 영어 표현을 말해보자. 그림 그리기를 좋아하는 아이라면, 그림을 같이 그리며 영어로 말을 걸어볼 수 있다. '좋아하는 것을 아이와 함께하면서 영어라는 언어에 스며들게 하는 것'. 이게 바로 '엄마 목소리 영어'의 과정이자 목표가 아닐까 한다.

엄마 목소리 영어는 '이유식' 같은 과정

'영알못' 엄마가 아이에게 처음 영어로 말해주기 시작할 때, 어색하고 부담이 될 수 있다. 자주 쓰지 않았으니 당연하다. 하지만 영어를 잘하기 위해서는 말로 계속 뱉어야 한다. 영어가 단순한 글자가 아닌 의미 있는 말이 되기 위해서는 일상에서 자주 써봐야 한다. 그래야 맥락에 맞게 핑퐁처럼 말을 주고받으며 의미를 정확히 이해하고, 수정 보완이 이루어진다. 일상에서 자주 쓰는 영어가 바로 살아있는 영어다. 지금 당장 내 의사를 말로 표현하고, 생존을 위해 바로 쓸 수 있는 영어가 진짜다.

하루에 딱 15분만 해보자는 마음으로 시작해 보자. 시간대를 정해놓고, 알람을 맞추자. 바쁜 아침 시간보다 좀 더 여유로운 저녁 시간이 좋겠다. 잠들기 전의 고요한 시간을 활용해도 좋다. 알람이 울리면 무조건 영어로 말해주는 거다. 반복은 습관이 되고, 꾸준함은 탁월함으로 이어진다.

엄마 목소리 영어는 쉽게 말해 '영어 이유식'과 같은 과정이다. 급히 살을 찌우기 위해서 영어를 흡입하게 해서는 안 된다. 꾸역꾸역 억지로 삼키게 하는 것이 목적이 된다면, 아이는 영어를 거부하거나 혹은 체하게 될 것이다. 이유식을 먹이듯 잘게 썰고 푹 익힌 후 호호 불어 아이가 먹기 좋게 천천히 입에 넣어주자. 맛을 음미하고, 먹는 즐거움을 느껴야 제대로 된 식사라고 할 수 있다.

영유아 시기는 영어의 기초 식습관을 잘 잡아 나가는 시간이다. 아이 눈을 맞추고, 볼을 부비고, 꼭 안아주면서 영어 이유식을 정성껏 만들어줄 사람은 그 누구도 아닌 바로 엄마다. 일레인 헤프너Elain Haffner의 말처럼 "자녀 양육이란 삶의 기술을 가르치는 것"이고, 영어는 살아가는 데 필요한 하나의 기술이다. 이 기술을 좀 더 편하고 쉽고 유용하게 꺼내 쓰려면 영어가 아이의 일상에 스며들게 하는 게 좋다. 서서히 스며들 수 있게 하려면 매일 엄마 목소리로 말해주는 것만큼 효과적인 게 없다.

엄마 목소리의 힘이 무엇인지 삶으로 보여주신 나의 어머니
와, 나를 엄마로 만들어 이 책을 쓰게 해준 아들에게 이 책을
바친다.

자주 쓰는 엄마 목소리 '영어 표현'

100

자주 쓰는 영어 표현부터 엄마 목소리로 뱉어보자.
일상 속 육아하며 쓰는 웬만한 표현을
100가지 짧은 문장으로 집약해 봤다.
누구든 아이와 함께 있을 때 영어로 말하는
엄마가 될 수 있다.

사랑하는 아이를 부르는 말

1   Sweetheart! / Sweetie! / Honey! 얘야! 아가야!

아이를 칭찬하고 격려하는 말

2   Good job! 잘했어!

3   You did a great job! 참 잘했어!

4   Super duper job! 아주 아주 잘했어!

5   Excellent job! 완전 잘했어!

6   Good work! Well done! 잘했군! 잘했어!

7   I'm so proud of you. 네가 자랑스러워.

8   You're really good at playing the piano. 너 진짜 피아노 잘 친다.

9   Keep up the good work! 네가 계속 이렇게 잘했으면 좋겠어! / 잘했어!

10 You're really smart! 너는 참 똑똑하구나!

11 You have a real talent. 너는 참 소질이 있구나.

12 Nice hair! 오늘 머리 이쁘다!

13 You are one of a kind. 너는 참 특별하단다.

14 I'm so lucky to have you in my life. 내 인생에 너가 있어서 최고의
    행운이야.

15 I love seeing your smile. 너의 미소를 보는 게 좋아.

16 You always brighten my day. 매일 나의 하루를 밝게 만들지.

17 You are my life's most precious gift. 너는 내 삶의 가장 소중한 선물이야.

18 You are the apple of my eye. 너는 내 눈에 소중해.

19 You're the most beloved to me. 엄마는 너를 가장 사랑해.

오감을 자극하는 질문

20 What do you see? 뭐가 보이니?

I see a tree and the sky. 나무와 하늘이 보여요.

21 How does it look? 어떻게 보이니?

It looks pretty. 예뻐요.

22 How does it sound? 소리가 어때?

It sounds beautiful. 아름답게 들려요.

23 How does it smell? 냄새가 어때?

It smells fresh. 신선한 냄새가 나요.

24 How does it taste? 맛이 어때?

It tastes delicious. 맛있어요.

25 How does it feel? 느낌이 어때?

It feels soft. 부드러워요.

아이가 다쳤거나 아플 때

26 Ouch! That hurts! 아야! 아프다!

27 Always be careful! 항상 조심하렴.

28 It'll get better soon. 곧 몸이 나아질거야.

29 You have a fever. 열 나네.

30 You're coughing a lot. 기침 많이 하네.

31 Take some medicine. 약 먹으렴.

32 Let me put some ointment on that. 연고 발라줄게.

33 You have a nose bleed. 코피 나네.

34 You have a runny nose. 콧물 나는구나.

35 You have a stuffy nose. 코 막혔네.

0~3세 아이에게 많이 쓰는 말

36 Are you hungry? Do you want some milk? 배고프니? 우유 먹을래?

37 I'll get it ready. 엄마가 준비할게.

38 Here's your bottle. 엄마가 우유 줄게.

39 It's time to change your diaper. 기저귀 갈 시간이야.

40 You had a big poo. 응가 잘했네.

41 Let's clean you up. 엄마가 깨끗하게 해줄게.

42 Let's wipe it up. 엄마가 닦아줄게.

43 Put your hands in the air. 손을 위로 올리렴. (기저귀 갈아줄 때)

44 And put your feet up.

    발을 위로 올리고 있으렴. (기저귀 갈아줄 때)

45 Let's put some cream on. 크림 발라줄게.

46 Let's put your nappy on. 새 기저귀 입혀줄게.

47 And now we're done. 자, 이제 다 됐다.

48 Stop whining! 징징 거리지마.

49 Just one bite! Just have a bite! 한 입만 먹어봐.

4~7세 아이에게 많이 쓰는 말

50 Be polite! 예쁘게 말해!

51 Speak softly! 부드럽게 말해!

52 Give it back. 도로 주렴.

53 Clean up. 청소하렴.

54 Walk slowly. 천천히 걸으렴.

55 You shouldn't do that. 그렇게 하면 안돼.

56 Wipe your nose. 코 닦아.

57 Go to bed. 가서 자.

58 Stay away from the stove. 가스렌지에서 떨어져.

59 Wash your face. 얼굴 씻어.

60 **You could fall down.** 넘어질지도 몰라.

61 **Respect your elders.** 어른들을 공경하렴.

62 **Brush your teeth before you go to bed.** 자기 전에 양치해.

63 **Always make sure you're neat and tidy.** 언제나 단정하고 깨끗이
하렴.

64 **That's not how a good boy(girl) acts.** 그건 좋은 행동이 아니야.

65 **Who do you like more‑mom or dad?** 엄마가 좋아, 아빠가 좋아?

66 **Don't interrupt others when they are talking.**
다른 사람이 말할 때는 끼어들지마.

67 **Have the last bite.** 마지막 한 입 먹어.

실외 놀이할 때 자주 쓰는 말

68 **Kids are playing on the playground.** 아이들이 놀이터에서 놀고 있네.

69 **Let's go on the swing.** 그네 타자.

70 **When you're on the swing, you go forwards and back-
wards.**
그네 탈 땐, 앞뒤로 왔다 갔다 하지.

71 **Let's swing as high as the sky.** 하늘만큼 높이 그네 타자.

72 **Let's play on the slide.** 미끄럼틀 타자.

73 **Let's go to the top of the stairs.** 미끄럼틀 계단 꼭대기까지 올라가렴.

74 **Look around. / Look down.** 한번 내려다 보렴.

75 Do you want to come down the slide? 미끄럼틀 타고 내려올래?

76 Let's slide down. / Let's go down the slide. 미끄럼틀 타고 내려 오렴.

77 You came down the slide. / You went down the slide. 내려 왔네.

78 You went up the slide. 미끄럼틀을 거꾸로 올라갔네.

79 Let's get on the seesaw. 시소 타렴.

80 The seesaw moves up and down. 시소는 위아래로 움직이지.

81 Let's go into the jungle gym. 정글짐에 들어가 보렴.

82 You can see the whole playground from the top of the jungle gym. 정글짐 꼭대기에서 놀이터를 다 볼 수 있지.

83 Let's make a sandcastle in the sandbox.
모래 놀이통에서 모래성을 만들어보자.

84 Let's go across the monkey bars. /
Try hanging from the monkey bars. 구름 사다리 타보렴.

85 Let's go on the Merry-go-round. 뺑뺑이를 타보자.

86 The rocking horse moves back and forth. 목마가 앞뒤로 움직인다.

실내 놀이할 때 자주 쓰는 말

87 Why don't you color like this? 이렇게 색칠해 볼까?

88 Color this green. 이건 초록색으로 칠하렴. (색연필로 칠할 때)

89 Paint this red. 이건 빨간색으로 칠하렴. (물감으로 칠할 때)

90 You can do it on your own. 혼자 할 수 있어.

91 Do you want to play Hide and Seek? 숨바꼭질할까?

92 Play with your toy car. 장난감 차 갖고 놀자.

93 Which book do you want to read? 어떤 책 읽고 싶어?

94 Let's play house. 소꿉놀이 하자.

95 Let's play dolls. 인형놀이 하자.

등원 / 외출 준비할 때 자주 쓰는 말

96 Let's get dressed! 옷 입자.

97 Put on your shoes. 신발 신으렴.

98 Put on your backpack. 가방 메.

99 Hurry up! Come on! 서둘러! 어서!

100 It's time go to kindergarten. 유치원 가야 할 시간이야.

부록 2

엄마 목소리로 읽기 좋은 '영어 그림책'

100

영어 그림책만 잘 골라도 영어로 읽어주기에 자신감이 생긴다.
아이들을 가르치며 교재를 선정했던 노하우와 우리 아이가
좋아하고 성장한 경험을 토대로 베스트 영어 그림책을 선정했다.
엄마도 말 배우는 아가처럼 아이와 부담 없이 쉽고, 재미있고,
편안하게 시작해 볼 수 있는 책들이다.

1 『Peter Rabbit My First Little Library』Beatrix Potter

피터래빗 미니보드북 4종은 아기의 첫 영어책으로 좋다. 한 페이지에 영단어 하나와 그림 하나씩 매칭돼 있는 심플한 구성이다. 그림이 자연스럽고 서정적이며 섬세해서 아기가 좋아한다.

2 『Dear Zoos Pocket Zoo』Rod Campbell

포켓에 쏙 들어갈 만한 작은 사이즈, 아코디언처럼 쭉 펼칠 수 있는 미니북 형태로 아기의 호기심을 자극한다. 뒤에서 추천할 『Dear Zoo』에 등장하는 동물들만 차례로 나열된 책이다. 다양한 동물의 이름을 짚어가며 알려주기에 좋다.

3 『The Very Hungry Caterpillar : Little Learning Library』
  Eric Carle

미니 보드북 4종 구성으로 단어와 그림만 나오는 책이다. 뒤에 추천하는 원서 『The Very Hungry Caterpillar』의 미니 버전이다. 컬러풀한 그림과 쉬운 영단어를 연결해 보기 좋은 책.

4 『Peppa Pig : Little Library』

역시 손바닥만 한 사이즈의 미니북이다. 아주 짧은 문장으로 이루어져 있어 단어만 나오는 보드북 이후에 바로 읽어주기 좋다. 아기들이 워낙 좋아하는 캐릭터라 아주 쉬운 영어 문장에 대한 접근성을 높인다.

5 『Peter Rabbit : A Big Box of Little Books』 Beatrix Potter

단어에서 문장으로 쉽게 넘어가기에 하는 책. 한 페이지에 한 문장만 있고, 의성어와 의태어도 함께 익힐 수 있는 게 장점이다. 피터래빗 시리즈의 등장 인물 이름을 하나하나 발음하며 알려줄 수 있다. 이후 긴 글밥의 책들을 읽히기 전에 워밍업하기 좋다.

6 『Good Night Moon』 Margaret Wise Brown

아기가 잠자리에 들기 전 읽어주기 좋은 책. 그림 속 사물 하나하나의 이름을 부르고, 손가락으로 꼭꼭 짚어가며 모두에게 '잘자요!'라고 인사하자.

7 『GALLOP!』 Rufus Butler Seder

책장을 다음 장으로 넘겼다 앞장으로 되돌리면 그림들이 생생하게 움직이는 듯하다. 아이의 시각을 한껏 자극하는 그림을 보며 다양한 의성어와 의태어를 쉽게 익힐 수 있다.

8 『First the Egg』 Seeger

붓 터치와 물감의 질감이 오롯이 느껴지는 그림들이라 함께 읽는 엄마까지 힐링하는 느낌이다. 글밥은 아주 적고 그림에 집중하는 책이라 엄마와 아이의 눈이 호강한다. 이 작가의 또 다른 책 『Green』, 『Red』와 같이 읽으면 더 좋다.

9 『I Am the Music Man』 Debora Potter + 노부영 CD

바이올린, 피아노, 트럼본 등의 여러 악기가 등장한다. 각 악기의 소리를 CD를 통해 들어볼 수 있는 것도 장점. 악기의 명칭을 재미나게 익힐 수 있어 아기가 악기에 관심을 가지는 계기가 됐다.

10 『The Very Hungry Caterpillar』 Eric Carle

에릭 칼의 책들은 '그림책의 고전'이라 불릴 만큼 워낙 명성이 높다. 컬러풀한 그림들 덕에 영어 그림책에 대한 아기의 호감도를 높인다.

11 『Brown Bear, Brown Bear, What Do You See?』 Bill Martin Jr.

알고 보니 이 책의 그림도 에릭 칼이 그렸다. 제목처럼 "무엇이 보이니?"라고 묻고, "이것이 보여요"라고 대답하는 패턴이다. 아이에게 영어로 말 걸기 쉬운 책이다.

12 『Peck Peck Peck』 Lucy Cousins

책의 사방에 구멍이 나 있다. 딱따구리가 부리로 쪼아서 낸 구멍들이다. 아이와 함께 구멍을 만지며 의태어, 의성어를 재미있게 익힐 수 있는 책이다. 메이지 시리즈의 작가인 루시 커즌스의 책이다.

13 『Where is Baby's Belly Button』 Karen Katz

선명한 색감과 큼직한 그림이 시선을 끈다. 엄마와 아이가 까꿍 놀이하듯 플랩을 열며 아이와 상호작용할 수 있는 책이다. 의문사 'where'와 전치사 'under', 'behind' 등을 쉽게 익힐 수 있다.

14 『My Car』 Byron Barton

노란 바탕에 빨간 자동차가 그려진 책 표지가 심플하지만 강렬하다. 일상에서 쉽게 볼 수 있는 자동차 이야기라 아기가 좋아할 수밖에 없다. 『My Bus』, 『My Bike』등 바이런 바튼의 탈것 시리즈를 세트로 구매해 함께 읽어도 좋다.

15 『Today Is Monday』 Eric Carle + 노부영 CD

아이가 책을 가지고 와서 시도 때도 없이 엄마 목소리로 계속 불러 달라고 했던 책 중에 하나다. 요일과 음식 이름을 즐겁게 익힐 수 있다. 노부영 CD를 미리 듣고, 엄마 목소리로 아이에게 들려주자.

16 『The Wheels on the Bus』 Annie Kubler + 노부영 CD

책에 바퀴 모양의 구멍이 뚫려 있어 아이가 'round'의 뜻을 눈으로 보고 손으로 만지며 익히게 된다. 버스를 타는 승객들의 다양한 모습과 이야기가 재미있다.

17 『Piggies』 Audrey Wood, Don Wood + 노부영 CD

책의 내용이 담긴 노래를 아이가 워낙 좋아했다. 함께 노래를 부르고 책을 읽다 보니 엄마가 더 좋아하게 되었다. 손가락, 발가락을 돼지들에 비유한 작가의 위트와 상상력에 감탄이 나온다. 이 책을 읽은 후, 아이의 발가락과 손가락에 자주 이렇게 말해주곤 한다. "How are you, piggies?" (잘 있었니? 꿀꿀이들아!)

18 『Here We Go Round the Mulberry Bush』Annie Kubler +
   노부영 CD
아침부터 저녁까지 아이의 일상을 그림으로 표현해 매일의 루틴을 배
울 수 있다. 그림들이 섬세하게 표현되어 구석구석 살펴보는 재미가
있다. 노래도 유쾌하고 즐겁다.

19 『Itsy Bitsy Spider』Nora Hilb + 노부영 CD
엄지와 검지로 거미가 올라가는 모습을 보여주며 아이랑 손가락으로
재미있게 놀아줄 수 있는 책이다. 개인적으로 그림의 퀄리티는 좀 아
쉽지만, 가사가 재미있어 아이가 책을 보며 자꾸 불러달라고 했다. 영
어 말놀이하기 좋은 책이다.

20 『Where does Maisy Live?』Lucy Cousins
이 작가의 다른 책들인 『Where is Maisy?』『Where are Maisy's
Friends?』와 함께 온라인 영어 원서 서점에서 세트로 구매했는데, 아
주 만족스럽다. 의문사 'Where'를 확실히 인식시켜 주고, 플랩을 열며
메이지를 찾는 과정이 재미있다.

21 『I'll teach my dog a lot of words』Michael Frith
영어의 리듬감을 살려서 읽어주기 좋은 책이다. 읽다 보면 엄마가 자
연스레 운율을 느끼게 된다. 이야기에 나오는 동사를 엄마 손가락으
로 통통 두드리며 동작을 표현해 주면 아이가 훨씬 좋아한다.

22 『Maisy's Big Flap Book』 Lucy Cousins

책이 꽤 크고 그림도 아주 시원시원해서 좋다. 플랩을 열며 모양의 이름과 수를 익힐 수 있다. 아이가 심심할 때마다 들춰보며 아주 잘 가지고 놀았다.

23 『The Nose Book』 Al Perkins

다양한 동물들의 코를 소개하는 책이다. 코가 어디에 사용될 수 있는지 재미있게 설명해 준다. 책을 읽어준 후 엄마랑 '코코코 놀이'를 하면 좋아한다.

24 『We're Going on a Bear Hunt』 Michael Rosen, Helen Oxenbury

가족 모두가 곰사냥을 떠나는 이야기다. 시종일관 멋진 그림이 펼쳐지며 자연 속의 표현들을 저절로 익히게 된다. 이 책의 저자가 생동감 있게 책을 읽어주는 유튜브 영상이 있는데, 보는 이로 하여금 아주 몰입하게 만든다. 스토리텔링이 아주 기가 막혔다. 엄마가 영상을 여러 번 보고 아이에게 이 분위기를 살려 읽어주면, 아이 역시 이 책에 몰입하게 될 것이다.

25 『Grandpa and Me』 Karen Katz

할아버지랑 아이가 피자를 만드는 이야기다. 플랩을 열어가며 아이랑 활동하고 상호작용 하기에 좋다. 이외에도 이 작가의 다른 책『Grandma and Me』,『Auntie and Me』,『Daddy and Me』와 함께 읽어주면 가족의 소중함에 대해 알게 될 것.

26 『Ruby's Tea for two』 Max and Ruby 시리즈

맥스 앤 루비는 아이가 정말 좋아하는 캐릭터. 티 파티 세트 장난감으로 아이와 책에 나온 표현을 그대로 쓰며 놀고 있다.

27 『A Maisy First Experiences Book』

『Maisy Goes Camping』, 『Maisy Goes on a Sleepover』, 『Maisy Goes on Holiday』, 『Maisy Goes to the City』, 『Maisy Goes to the Museum』, 『Maisy Learns to Swim』을 시리즈로 저렴하게 구매했다. 메이지의 첫 경험을 시리즈로 엮은 책이다. 아이와 캠핑 갈 때, 수영장 갈 때, 박물관 갈 때 쓸 수 있는 좋은 표현들이 많이 나온다.

28 『pat the bunny』 Dorothy Kunhardt

시각, 촉각에 이어 후각까지 자극하는 책. 'Smell the flowers'라는 문장 옆의 꽃 그림에서 실제로 향기가 난다. 아이가 책을 읽을 때마다 킁킁 냄새 맡으며 좋아했다. 비슷한 오감 시리즈로 『pat the cat』, 『pat the puppy』가 있다.

29 『Yoko's Paper Cranes』 Rosemary Wells

『Max and Ruby』의 작가의 책으로 일본풍의 색감이 매력적이다. 독후 활동으로 종이학을 여러 개 접어주면서 아이와 놀아주었다.

30 『My Mom』 Anthony Browne

세계적으로 유명한 그림책 작가 앤서니 브라운의 대표작이다. 변화무

쌍한 엄마의 모습을 무한한 상상력으로 사랑스럽고 위트 있게 그렸다. 작가의 또 다른 그림책 『My Dad』와 함께 읽어도 좋다. 엄마와 아빠의 다른 면모를 각각의 책에서 확실히 엿볼 수 있다.

31 『Curious George and the Fire-fighters』 Margret & H.A. Rey
아이들이 좋아하는 원숭이를 비롯해 소방서와 소방관, 소방차가 나온다. 이 요소만으로 아이의 취향을 사로잡았다. 글밥이 꽤 많음에도 아이가 끝까지 집중해서 읽으려고 했던 책이다.

32 『Honey Bunny Funny bunny』 Marilyn Sadler
책 제목만 읽어도 저절로 리듬을 느낄 수 있다. 주인공의 이름을 읽는 것만으로 아이가 재미를 느껴 계속 읽어달라고 졸랐던 책.

....

▶ Oxford Reading Tree(ORT) 1단계

ORT 시리즈는 총 1~20단계까지 있는데, 0~7세 시기에는 1~5단계만 읽혀도 충분하다. 그중에서도 0~3세에는 1단계와 1+단계로 영어 그림책의 맛을 들이자. 글자 없이 그림만 있거나 혹은 단어만 쭉 나열된 책, 한 페이지에 아주 짧은 문장만 있는 책들이라 충분히 도전해 볼 만하다. 초기 단계만 제대로 엄마 목소리로 읽어주면, 그 다음 단계의 책들도 점차 거부감 없이 읽게 된다.

우리 아이도 처음에는 별 흥미를 느끼지 못하다가 계속 등장하는 주인공들 Kipper, Biff, Chip, Floppy, Mummy, and Daddy에 친숙함을 느끼면서 지금은 ORT 마니아가 됐다. 어느 날 아이에게 이사 갈 집에 가장 갖고 가고 싶은 걸 가방에 담으라고 하니 땅콩잼과 ORT 책들을 잔뜩 넣었다. 엄마 미소가 저절로 지어졌다. 시리즈로 한꺼번에 구매하는 게 부담된다면, 도서관에서 한 권씩 빌려 읽히며 아이 성향을 파악해 가는 것도 좋겠다. 다음은 아이 반응이 압도적이었던 ORT의 책들이다.

STAGE 1 그림만 있거나 쉬운 단어 위주의 책들이다.

33 『Six in a Bed』
34 『Fun at the Beach』
35 『Is it?』
36 『Floppy Did This』
37 『Up You Go』

STAGE 1+ 한 페이지에 한 문장, 비슷한 패턴이 반복된다.

38 『Can You See Me?』
39 『What a Mess!』
40 『Look After Me』
41 『Presents for Dad』

42 『Go Away, Floppy』

43 『The Trampoline』

44 『The Bag in the Bin』

45 『Making Faces』

46 『Good Dog』

47 『What a DIN!』

48 『What Dogs Like』

49 『Hide and Seek』

50 『In the Trolley』

4-7세

51 『Caillou watches Rosie』

까이유 DVD를 아이와 함께 자주 보았더니 책을 읽을 때 까이유와 까이유 엄마의 목소리가 생생하게 들리는 듯하다. 나도 모르게 까이유의 귀여운 목소리와 엄마 특유의 콧소리를 내며 일인다역을 소화하게 해준 재미있는 책. 마치 영상 속 캐릭터가 살아 움직이는 듯 실감 나게 읽을 수 있다.

52 『Max's Easter Surprise』 Rosemary Wells

맥스 앤 루비 DVD에 나왔던 내용을 엮은 책인데, 아이가 이 책을 정말 좋아했다. 여기에 착안해 맥스와 루비의 목소리를 그대로 살려 엄마 목소리로 읽어주니 아이의 집중도가 놀라울 정도로 높아졌다.

....

▶ Curious George 시리즈

큐리어스 조지는 1941년에 처음 출간되어 무려 80년 이상 전 세계에서 사랑받은 시리즈다. 책으로 먼저 보고 나중에 영상으로도 보여줬는데, 아이가 책과 영상 둘 다 좋아했다.

53 『Curious George goes to a Movie』H.A. Rey
그림자 놀이를 재미있게 경험할 수 있다.

54 『Curious George and the Ice Cream Surprise』H.A. Rey
먹는 걸 좋아하는 아이라면 재밌게 볼 책.

55 『Curious George Goes to a Chocolate Factory』H.A. Rey
초콜릿 공장에 아이와 직접 견학 간 느낌을 받을 정도로 흥미로웠다.

....

56 『The Beginner's Bible』Zonderkidz
아이를 위한 쉬운 영어 성경이다. 똑같은 그림과 내용의 『두란노 어

린이 그림 성경』과 번갈아 읽어줬더니 아이가 성경을 훨씬 쉽게 이해
했다.

57 『Peppa Pig: 1000 First Words Sticker Book』

스티커북이지만 각 테마별로 다 짤막한 이야기가 있다. 스티커가 주
제별로 엄청 많아서 아이가 아주 재미있게 볼 수 있는 책이다. 스티커
를 붙이며 엄마와 아이가 함께 단어를 익히는 재미가 쏠쏠하다.

···

▶ Dr. Seuss 시리즈

파닉스 떼기용으로 아주 효과적이다. 닥터 수스 시리즈는 말놀이하면
서 알파벳 음가가 귀에 쏙쏙 들리게 하는 마법 같은 책이다.

58 『Green Eggs and Ham』 Dr. Seuss

59 『One Fish, Two Fish, Red Fish, Blue Fish』 Dr. Seuss

60 『Fox in Socks』 Dr. Seuss

61 『The Cat in the Hat』 Dr. Seuss

62 『Hop on Pop』 Dr. Seuss

63 『There's a Wocket in My Pocket!』 Dr. Seuss

▶ Charlie and Lola 시리즈

영상도 좋았고, 책은 더 좋았다. 찰리와 롤라 시리즈는 처음엔 아이보
다 내가 더 좋아했다. 근데 엄마가 좋아하면 결국 아이도 좋아하게
된다.

64　Charlie and Lola 『I Really Absolutely Must Have Glasses』
Bridget Hurst
안경을 쓰고 싶은 아이의 마음이 느껴져 재미있게 보았다.

65　Charlie and Lola 『I want to be much more bigger like
you』Bridget Hurst
오빠만큼 키가 크고 싶은 아이의 마음 표현이 흥미롭다.

66　『Alphabest』Helaine Becker
형용사의 원급과 비교급, 최상급을 그림을 보며 이해할 수 있어 유익하다.

67　『Monster Money』(Hello Reader, Math, Level 1)
Grace Maccarone
아이에게 돈의 개념을 비롯해 미국 동전으로 계산하는 법을 알려준다.

▶ ORT 시리즈 2~5단계

현재 우리 아이는 만 4세인데, ORT 1~5단계의 책들 위주로 읽고 있고 읽어달라고 가져온다. 그중에서도 2단계의 책들이 가장 많은 편이다. 이렇게 픽처북, 리더스북을 읽다가 어느 순간 챕터북으로 자연스럽게 연결될 것이 그려진다.

오랫동안 아이들을 가르치면서 여러 교재를 접했는데 이야기적으로, 학습적으로, 또 스피킹 부분에 있어서도 손색 없는 리더스북은 단연 ORT 시리즈였다. ORT는 단계별로 색깔이 다르게 표시되어 한 단계씩 성장해 나가는 성취감을 시각적으로 느낄 수 있다.

STAGE 2 이야기가 본격적으로 시작된다. 한 페이지에 두 문장 있는 글밥이다.

68 『Poor Floppy』

69 『Monkey Tricks』

70 『What a Bad Dog!』

71 『It's the Weather』

72 『The Go-kart』

73 『The Baby-sitter』

74 『The Water Fight』

75 『The Toys' Party』

76 『The Chase』

77 『Kipper's Birthday』

78 『The Ball Pit』

79 『New Trainers』

80 『Kipper's Balloon』

81 『Red Noses』

82 『Biff's Aeroplane』

83 『Floppy the Hero』

84 『Spots!』

85 『Fire!』

86 『The Little Dragon』

STAGE 3 전치사구 포함해 한 페이지에 두 문장 있는 글밥이다.

87 『A Cat in the Tree』

88 『Gran and the Go-Karts』

89 『Sniff』

90 『Kipper's Idea』

91 『Helicopter Rescue』

92 『The Enormous Picture』

STAGE 4   따옴표 속 대화체가 들어간다. 여전히 한 페이지에 두 문장이 있다.

93   『Look Smart』
94   『Stuck in the Mud』
95   『Gran's New Glasses』
96   『The Dragon Dance』

STAGE 5   4단계와 큰 차이 없는 분량의 글밥이다.

97   『The Magic Key』
98   『Gran』
99   『Gotcha!』
100 『The Frog's Tale』

※ 연령 구분이 중요할까?

아주 큰 틀에서 책의 분량과 난이도에 따라 0~3세, 4~7세 파트를 구분했지만, 절대적인 기준이 아니므로 참고만 하면 된다. 아이가 영어책을 좋아하고 잘 읽으면 0~3세에 4~7세 파트에 소개된 책을 읽어도 되고, 4~7세인데 아직 영어책에 익숙지 않다면 0~3세 파트의 책을 읽어도 아무 상관이 없다. 엄마와 아이가 즐겁게 시작하고 즐길 수 있는 책이라면, 연령의 구분은 특별히 중요하지 않다.

※ 책은 어디에서 구매할까?

주로 웬디북, 동방북스, 예스24, 알라딘을 이용했다. 웬디북과 동방북스는 영어 원서 전문 서점에 속하고, 예스 24와 알라딘은 대형 인터넷 서점이다. 영어 원서 전문 서점의 장점은 영어 동화책의 최신 트렌드를 알기 쉽고, 세트로 구매 시 좀 더 저렴할 때가 많다. 대형 온라인 서점에는 원서의 실물 사진들이 상세 정보에 훨씬 자세하게 나온 경우가 많아 책을 선택하기 수월할 때가 있다. 영어 원서의 경우, 서점에 따라 재고가 없는 때도 종종 있어서 여러 서점을 살피는 게 필요하다. 또 처음엔 시리즈 도서를 한꺼번에 구매한 후 아이가 안 볼까 조바심 내기보다, 도서관에서 대여해 아이 반응을 살핀 후에 구매하는 것도 현명한 방법이다.

※ 정말 읽어줄 수 있을까?

영어 실력이 부족한 엄마들은 여전히 '내가 읽어줄 수 있을까?' 하는 두려움이 따른다. 위에서 추천한 책들은 영어 그림책에 입문하기 좋은 쉬운 책들이고, 또 우리에겐 유튜브가 있다. 원서의 제목을 그대로 유튜브에 검색하면, 웬만한 음원은 들어볼 수 있다. 영어 읽기가 힘든 엄마들도 얼마든지 집에서 영어 낭독을 미리 연습할 수 있다. 음원을 들으며 문장의 발음과 운율을 미리 학습하게 되어 아이에게 읽어줄 때 더욱 자신감이 생긴다. 단, 엄마의 연습용으로 유튜브를 활용하는 것은 좋지만, 너무 이른 시기에 아이를 장시간 영상에 노출하지 않도록 주의하자. 아이가 커가면서 영어 영상 또한 부가적으로 활용할 수 있지만, 가장 효과적인 것은 영어책과 엄마 목소리인 것을 잊지 말자.

1장

1 EBS 언어발달의 수수께끼 제작팀 / 『언어 발달의 수수께끼』 / 지식너
   머 / 2014

2 바바라 A. 바우어 / 『이중언어 아이들의 도전』 / 구름서재 / 2016

3 Erin Digitale / 『Mom's voice activates many different regions in
   children's brains』 / Stanford Medicine News Center / 2016

4 Daniel A. Abrams, Percy K. Mistry, Amanda E. Baker, Aarthi Pad-
   manabhan and Vinod Menon / A Neurodevelopmental Shift in
   Reward Circuitry from Mother's to Nonfamilial Voices in Adoles-
   cence / Journal of Neuroscience / 2022

5 Roberta Michnick Golinkoff, Kathy Hirsh-Pasek / 『How Babies
   Talk: The Magic and Mystery of Language in the First Three Years
   of Life』 / Plume / 2000

6 Erin Digitale / 『Mom's voice activates many different regions in
   children's brains』 / Stanford Medicine News Center / 2016

7 Patricia K. Kuhl / 『Foreign-language experience in infancy: Ef-

fects of short-term exposure and social interaction on phonetic learning』/ PSYCHOLOGICAL AND COGNITIVE SCIENCES / 2003

8 가와이 하야오 /『그림책의 힘』/ 마고북스 / 2003
9 연합뉴스TV / 코로나19로 영유아 33% '언어발달에 어려움'/ 2021. 5. 25.
10 Charles Nelson /『Study: Babies can 'tune in' faces』/ CNN / 2002
11 알베르트 코스타 /『언어의 뇌과학』/ 현대지성 / 2020

2장

1 알베르트 코스타 /『언어의 뇌과학』/ 현대지성 / 2020
2 Ellen Bialystok, Gigi Luk, Kathleen F. Peets, and Sujin Yang /『Receptive vocabulary differences in monolingual and bilingual children』/ National Library of Medicine / 2009
3 리콴유 /『리콴유가 전하는 이중언어 교육 이야기』/ 행복에너지 / 2020
4 EBS 언어발달의 수수께끼 제작팀 /『언어 발달의 수수께끼』/ 지식너머 / 2014
5 바바라 A. 바우어 /『이중언어 아이들의 도전』/ 구름서재 / 2016
6 콜린 베이커 /『이중언어 교육의 기초와 교육』/ 박이정출판사 / 2014
7 데이비드 엘킨드 /『기다리는 부모가 큰 아이를 만든다』/ 한스미디어 / 2008
8 최혜진 /『유럽의 그림책 작가들에게 묻다』/ 은행나무 / 2016
9 Live Science Staff / Mom's Voice Just as Comforting as a Hug / Live Science / May 13, 2010

3장

1   이어령 / 나는 한 권의 책으로 부터 왔다 다큐멘터리 인터뷰 / KBS / 2022

4장

1   재키 실버그 / 『뇌 발달 놀이』 / 다음세대 / 2011

5장

1   C. S. 루이스 / 『나니아 연대기』 / 시공주니어 / 2005

엄마 목소리 영어
© 임서운, 2024

초판 1쇄 인쇄 2024년 10월 1일
초판 1쇄 발행 2024년 10월 15일

지은이.   임서운(데이나쌤)
펴낸이.   최혜진
디자인.   STUDIO보글
일러스트.   이소라

펴낸곳.   온포인트
출판등록.   제2023-000090호
주소.   서울시 금천구 디지털로9길 65 백상스타타워1차 203호
전화.   070-7514-3546
메일.   onpoint-books@naver.com
인스타그램.   @onpoint_books

ISBN   979-11-985162-4-4 (03740)